Jolanda Caon	Werther ...	... oti	Claudia Dordi
Marco Piaia	Oriana ...	...	Raffaele Vaccarin

In bocca al lupo, ragazzi! 2

corso di italiano per la scuola secondaria di primo grado (11-14 anni)

libro dello studente

Alma Edizioni
Firenze

Direzione editoriale: Ciro Massimo Naddeo
Coordinamento editoriale e redazione: Sabrina Galasso, Chiara Sandri
Progetto grafico e impaginazione: Gabriel de Banos
Copertina: Lucia Cesarone
Illustrazioni: Ottavia Bruno

Coordinamento didattico: Jolanda Caon
Coordinamento del progetto: Claudia Dordi
Consulenza scientifica: Carla Bertacchini, Rita Gelmi
Coordinamento della sperimentazione: Milena Belluzzi, Lorenza Graziadei, Elisabetta Leonardi
Musiche e arrangiamenti: Paolo Perri

Coordinamento audio: Vanni Cassori
Registrazioni dialoghi curate da **Federica Chiusole** con la collaborazione di **Michele Tesolin**

Si ringrazia per la collaborazione audio il signor **Alexander Werth**

Provincia Autonoma di Bolzano-Alto Adige
Ripartizione Cultura tedesca e famiglia
Ufficio audiovisivi

Si ringraziano tutti i ragazzi coinvolti nella sperimentazione per il senso di responsabilità con cui hanno partecipato al lavoro.
Si ringraziano gli sperimentatori: Patrizia Arcaini, Lucia Baghin, Milena Belluzzi, Anna Bignotti, Nora Boso, Paola Bruni, Michela Buglione, Alessio Caneppele, Cason Paola, Jole Cocco, Stefania Fronza, Lorenza Graziadei, Maria Cristina Labriola, Elisabetta Leonardi, Sarah Viola.

Le voci dei brani audio sono di: Gianni Beber, Samuel Bertoldi, Valentina Bortolini, Lara Casagrande, Federica Chiusole, Nicola Conati, Christian Dalla Rosa, Denise De Filippo, Arianna Fontanari, Giulia Grisenti, Sami Hannioui, Anastasia Laner, Manuela Lotti, Sebastiano Martinelli, Michelangelo Matteoda, Michele Montemurro, Zarife Osmani, Leonardo Paoli, Alberto Parrella, Pier Andrea Pincigher, Francesca Re, Diego Santuari, Livio Sartori, Marta Scalfo, Andrea Stambul, Michele Tesolin, Michele Toldo, Fabio Zacà.
Le voci del rap sono di Daniele Crosa e Roberta Manzini.

Si ringraziano per le registrazioni la Scuola Media "Tullio Garbari" Pergine Valsugana e la Prof.ssa Marta Scalfo.
Si ringrazia per la collaborazione Tiziano Popoli.

In bocca al lupo, ragazzi! è un progetto realizzato da Alma Edizioni in collaborazione con il Dipartimento Istruzione e formazione in lingua tedesca, area innovazione e consulenza, via Amba Alagi 10, 39100 Bolzano.

AUTONOME PROVINZ BOZEN - SÜDTIROL		PROVINCIA AUTONOMA DI BOLZANO - ALTO ADIGE
Deutsches Bildungsressort Bereich Innovation und Beratung		Dipartimento formazione e istruzione in lingua tedesca Area innovazione e consulenza

Printed in Italy

ISBN 978-88-6182-187-3

© 2012 Alma Edizioni

Prima edizione: aprile 2012

Alma Edizioni
Viale dei Cadorna, 44
50129 Firenze
tel. + 39 055476644
fax + 39 055473531
alma@almaedizioni.it
www.almaedizioni.it

L'Editore è a disposizione degli aventi diritto per eventuali mancanze o inesattezze.
I diritti di traduzione, di memorizzazione elettronica, di riproduzione e di adattamento totale o parziale, con qualsiasi mezzo (compresi i microfilm e le copie fotostatiche), sono riservati per tutti i paesi.

Introduzione

In bocca al lupo, ragazzi! è un corso di lingua italiana per la scuola secondaria di I grado.
Si rivolge ai ragazzi dagli 11 ai 14 anni, ed è diviso in tre livelli: **A1/A2** (studenti già in possesso di una minima conoscenza della lingua italiana), **A2**, **B1**.
Ogni livello è composto da:
un **Libro dello studente** suddiviso in tre moduli di cinque unità ciascuno;
un **Quaderno di lavoro** con esercizi, compiti e riflessioni;
un **CD audio** con i testi di ascolto;
una **Guida per l'insegnante**.

Il **Libro dello studente** ha un'impostazione comunicativa. Ogni percorso è centrato sull'apprendente, che viene sollecitato a confrontarsi con la lingua e a sviluppare atteggiamenti autonomi di curiosità, esplorazione e scoperta.

Le varie attività
- coinvolgono in lavori individuali, in coppia (☺☺) o in piccolo gruppo (☺☺☺);
- inducono a un frequente confronto con i compagni, usando lessico ed espressioni presentate in riquadri linguistici predisposti;
- attivano il riconoscimento dell'importanza del sociale e della condivisione del sapere;
- guidano verso un apprendimento legato al fare e allo sperimentare strategie e nuove vie, nonché alla riflessione e alla consapevolezza delle proprie potenzialità e capacità.

Ogni percorso inizia con la *presentazione degli obiettivi* per passare poi a un'*attivazione delle conoscenze pregresse* sulla tematica di volta in volta affrontata.
Segue un *input* in cui è presente un proverbio, un modo di dire o una frase idiomatica che dà il titolo al percorso stesso. Vengono poi proposte *attività* che coinvolgono i ragazzi nell'ascolto (*A*), nella lettura (*L*), nella conversazione (*C*), nel parlato (*P*), nella scrittura (*S*) e nella riflessione (*R*).

All'interno dei percorsi si trovano i rimandi agli *esercizi* del **Quaderno di lavoro** (✎Q) e alle *schede grammaticali* (@) di riflessione sulla lingua.
Questa verte su vari livelli: sulla lingua come codice, come sistema organizzatore di significati o come strumento di comunicazione, a seconda della "sfida" presentata dall'uso linguistico in un determinato input del percorso didattico.
Le schede grammaticali vengono riproposte nel **Quaderno di lavoro**, all'interno dei relativi percorsi, e indirizzano verso la ricostruzione autonoma della regola attraverso l'osservazione dell'uso della lingua.
Ogni unità si conclude con una scheda di approfondimento sulla geografia dell'Italia.

Il **Quaderno di lavoro** è suddiviso anch'esso in tre moduli di cinque unità ciascuno e propone esercizi e compiti sul lessico, sulle strutture grammaticali e sulle funzioni linguistiche.
Gli esercizi e i compiti sono di diversa difficoltà, evidenziata con simboli (💧).
Le attività proposte sono tutte individuali perché pensate soprattutto per il rafforzamento e l'approfondimento delle conoscenze personali.
Al termine di ogni percorso si trova una griglia di riflessione su quanto appreso, con gli obiettivi che concorrono al raggiungimento delle competenze.

Il **CD audio** con i testi di ascolto è un valido sussidio che espone i ragazzi a voci diverse da quella dell'insegnante.

La **Guida per l'insegnante** riporta suggerimenti per la realizzazione delle varie attività dei percorsi, la trascrizione dei testi d'ascolto e la soluzione degli esercizi del quaderno di lavoro.

Auguriamo a tutti coloro che utilizzano questo libro un "in bocca al lupo" nell'insegnamento/apprendimento dell'italiano.

Gli autori, gli sperimentatori e le consulenti scientifiche

	Legenda
A	Ascolto
L	Lettura
C	Conversazione
P	Parlato
S	Scrittura
R	Riflessione
☺☺	Lavoro in coppia
☺☺☺	Lavoro in piccolo gruppo
@	Grammatica
✎Q	Quaderno di lavoro
●	CD Audio

Sillabo

MODULO 1

Unità 1 Paese che vai, usanze che trovi

AMBITO TEMATICO/CULTURALE	LESSICO TEMATICO	FUNZIONI	STRUTTURE GRAMMATICALI
• i ricordi di vacanze *ITALIA lo sai che…* L'Italia fisica	• espressioni per narrare e descrivere le vacanze • espressioni per narrare esperienze passate • luoghi e oggetti delle vacanze e del tempo libero	• narrare esperienze passate • descrivere fatti e persone del passato	• imperfetto • *si* impersonale • uso del passato prossimo e dell'imperfetto • uso di *mentre* e *durante*

Unità 2 Rosso di sera, bel tempo si spera

AMBITO TEMATICO/CULTURALE	LESSICO TEMATICO	FUNZIONI	STRUTTURE GRAMMATICALI
• i colori e le relative preferenze personali *ITALIA lo sai che…* Le Alpi	• espressioni per descrivere il carattere • frasi idiomatiche legate ai colori	• interagire su preferenze e caratteristiche personali	• aggettivi di colore • aggettivi possessivi con nomi di parenti

Unità 3 Il mattino ha l'oro in bocca

AMBITO TEMATICO/CULTURALE	LESSICO TEMATICO	FUNZIONI	STRUTTURE GRAMMATICALI
• le richieste di favori • le soluzioni dei problemi e i consigli *ITALIA lo sai che…* Gli Appennini	• espressioni per fare richieste • espressioni per dare consigli	• informarsi su problematiche diverse • proporre soluzioni a problematiche e fornire consigli	• condizionale semplice

Unità 4 Cane che abbaia non morde

AMBITO TEMATICO/CULTURALE	LESSICO TEMATICO	FUNZIONI	STRUTTURE GRAMMATICALI
• le esperienze di vita passata *ITALIA lo sai che…* La Pianura Padana	• espressioni per raccontare episodi di vita passata • espressioni per confrontare passato, presente e futuro • oggetti del passato, del presente e del futuro	• narrare esperienze della quotidianità	• pronomi diretti e presente dei verbi pronomi diretti e concordanza con il participio passato • *esserci*: presente, imperfetto, futuro

Unità 5 Chi va piano, va sano e lontano

AMBITO TEMATICO/CULTURALE	LESSICO TEMATICO	FUNZIONI	STRUTTURE GRAMMATICALI
• i viaggi di Marco Polo *ITALIA lo sai che…* I fiumi d'Italia	• espressioni per narrare esperienze di viaggio • oggetti e mezzi di trasporto per viaggiare	• raccontare eventi ed esperienze del passato	• preposizioni *in, con, di* • presente storico

MODULO 2

Unità 1 Avere una fame da lupi

AMBITO TEMATICO/CULTURALE	LESSICO TEMATICO	FUNZIONI	STRUTTURE GRAMMATICALI
• le richieste di informazioni in città *ITALIA lo sai che…* La coltivazione dell'ulivo	• espressioni per chiedere e dare informazioni • espressioni per dare ordini • espressioni per fare richieste • luoghi della città in cui fare richieste	• chiedere e dare informazioni su luoghi	• imperativo formale (Lei) • preposizioni semplici e preposizioni articolate

Unità 2 Pesare le parole

AMBITO TEMATICO/CULTURALE	LESSICO TEMATICO	FUNZIONI	STRUTTURE GRAMMATICALI
• la pubblicità *ITALIA lo sai che…* La coltivazione degli agrumi	• espressioni del linguaggio pubblicitario • parole derivate da altre lingue	• interagire su messaggi pubblicitari	• gradi dell'aggettivo: comparativo di maggioranza, di minoranza e di uguaglianza

Unità 3 *Buttarsi a pesce*

AMBITO TEMATICO/CULTURALE	LESSICO TEMATICO	FUNZIONI	STRUTTURE GRAMMATICALI
• le azioni future ITALIA lo sai che... I vulcani	• espressioni legate alla vita quotidiana (acquisti, mass media, tempo libero) • espressioni di tempo • espressioni per parlare del futuro	• interagire su aspetti di vita futura	• futuro anteriore

Unità 4 *Avere una marcia in più*

AMBITO TEMATICO/CULTURALE	LESSICO TEMATICO	FUNZIONI	STRUTTURE GRAMMATICALI
• il genio di Leonardo da Vinci ITALIA lo sai che... La Maremma	• espressioni legate alla biografia di un personaggio celebre • espressioni per parlare di scienze e arti	• descrivere episodi della vita di un personaggio	• superlativo assoluto e superlativo relativo degli aggettivi qualificativi

Unità 5 *Le bugie hanno le gambe corte*

AMBITO TEMATICO/CULTURALE	LESSICO TEMATICO	FUNZIONI	STRUTTURE GRAMMATICALI
• i guai e le bugie ITALIA lo sai che... Il paesaggio lagunare	• espressioni relative a esperienze della vita di tutti i giorni (combinare guai, dire bugie, organizzare una festa)	• raccontare esperienze personali • dialogare con ruoli assegnati	• pronomi relativi *che* e *cui*

MODULO 3

Unità 1 *Vivere sulla luna*

AMBITO TEMATICO/CULTURALE	LESSICO TEMATICO	FUNZIONI	STRUTTURE GRAMMATICALI
• una giornata qualunque ITALIA lo sai che... La pesca nel Mediterraneo	• espressioni relative alle azioni di una giornata • espressioni per parlare di sentimenti e stati d'animo • luoghi in cui si svolgono azioni quotidiane	• raccontare la giornata di alcune persone e la propria	• gerundio semplice • *stare per* + infinito

Unità 2 *Avere una vista d'aquila*

AMBITO TEMATICO/CULTURALE	LESSICO TEMATICO	FUNZIONI	STRUTTURE GRAMMATICALI
• l'ambiente naturale ITALIA lo sai che... I parchi naturali in Italia	• espressioni per parlare di ambienti naturali • animali e piante che appartengono ad ambienti naturali • espressioni per parlare di ecologia	• descrivere ambienti naturali	• aggettivi e pronomi indefiniti

Unità 3 *Vendere fumo*

AMBITO TEMATICO/CULTURALE	LESSICO TEMATICO	FUNZIONI	STRUTTURE GRAMMATICALI
• gli acquisti ITALIA lo sai che... I prodotti tipici italiani	• espressioni relative ai prodotti e ai negozi	• informarsi su merci e prodotti per fare acquisti	• registro informale e registro formale • partitivo e nomi di quantità • il pronome *ne*

Unità 4 *Mens sana in corpore sano*

AMBITO TEMATICO/CULTURALE	LESSICO TEMATICO	FUNZIONI	STRUTTURE GRAMMATICALI
• il tempo libero ITALIA lo sai che... Le coste	• espressioni relative ad attività del tempo libero • oggetti e luoghi del tempo libero	• esprimere preferenze in relazione al tempo libero	• verbo *piacere* • pronomi indiretti alla forma tonica

Unità 5 *Fare un buco nell'acqua*

AMBITO TEMATICO/CULTURALE	LESSICO TEMATICO	FUNZIONI	STRUTTURE GRAMMATICALI
• un progetto a scuola ITALIA lo sai che... Le grotte	• espressioni per parlare di attività e progetti scolastici	• illustrare progetti realizzati in classe	• pronomi doppi

Modulo 1 Unità 1

Paese che vai, usanze che trovi

IMPARO A PARLARE DELLE VACANZE PASSATE.

c

1. 😊😊😊 *Guardate l'immagine e rispondete alle domande.*

Chi è al telefono?

Dove sono i ragazzi?

Di cosa parlano al cellulare?

COMBI

2. 😊😊 *Ascoltate: avete indovinato?*

3. 😊😊 *Riascoltate il dialogo, scegliete quattro frasi giuste e leggete la parola nascosta. Con le lettere rimaste scoprite la seconda parola nascosta.*

- **c** Carlo è stato al mare con gli amici.
- **m** Franci telefona a Carlo.
- **a** Carlo dà appuntamento a Franci al Combi alle quattro in punto.
- **a** Manuele e Carlo sono vicino al Combi.
- **l** Carlo fa vedere a Manuele una foto fatta in inverno.
- **r** Due anni fa al mare faceva molto caldo.
- **d** Sulla foto c'è la sorella maggiore di Carlo.
- **e** La sorella di Carlo è cambiata molto.
- **o** I due ragazzi si accorgono che Franci sta arrivando.

6
sei

4. Prendete un dato e disponete quattro pedine sulle quattro caselle 'Partenza'. Rispondete alle domande corrispondenti al numero delle caselle o eseguite le indicazioni. Chi sbaglia sta fermo un turno. Vince chi arriva per primo a casa, ma NON ARRABBIATEVI!

Non arrabbiatevi!

1. Quante persone parlano nel dialogo?
2. Perché Franci chiama Carlo?
3. Cosa racconta Carlo a Manuele?
4. Di quale altra persona parlano Manuele e Carlo?
5. Torna alla partenza.
6. Dove sono Carlo e Manuele?
7. Fermati per un giro.
8. Qual è il motivo della chiamata di Franci?
9. Cosa preferisce fare Carlo con il cellulare?
10. Dov'è stata fatta la foto di Carlo?
11. Torna alla partenza.
12. Dove si incontrano Franci, Carlo e Manuele il pomeriggio?
13. Perché Manuele dice per scherzo a Carlo che è un chiacchierone?
14. Manuele riconosce Carlo nella foto?
15. Dove si trova Monterosso?
16. Torna alla partenza.
17. Dov'era la pensione dove sono stati Carlo e i suoi due anni fa?
18. Com'era il tempo a luglio a Monterosso due anni fa?
19. Perché Carlo stava in acqua tutto il giorno?
20. Fermati per un giro.
21. Com'erano i capelli della sorella di Carlo due anni fa?
22. Torna alla partenza.
23. Com'è il cellulare di Carlo?
24. Quali foto vede Manuele sul cellulare di Carlo?

Modulo 1 Unità 1

5. *Leggi i testi, guarda le immagini e trova i cambiamenti di Carlo.* 😊😊😊 *Confrontatevi.*

a Imperfetto
1

Carlo è un ragazzo di 12 anni. Frequenta la seconda media alla scuola "Giovanni Pascoli" di Parma. Le sue materie preferite sono la matematica e le scienze, ma gli piacciono anche educazione tecnica e ginnastica. Carlo gioca a calcio come difensore in una squadra giovanile e gli piace molto seguire il calcio alla televisione. È tifoso del Parma e dell'Inter. Nel suo tempo libero legge fumetti, ascolta musica e si diverte con i videogiochi.

Due anni fa Carlo aveva 10 anni. Era piuttosto basso e robusto. Portava spesso i pantaloni corti. Frequentava la quinta elementare alla scuola "Filippo Neri". La scuola aveva un grande cortile dove c'erano molti alberi e alcune panchine. Le materie preferite di Carlo erano inglese e italiano.
Giocava a tennis e qualche volta a calcio. Gli piaceva stare in porta. Non era tifoso di una squadra in particolare. Nel suo tempo libero stava con gli amici.

Modulo 1 Unità 1

C

6. 😊😊 *A turno chiudete gli occhi e puntate un dito nel riquadro. Poi aprite gli occhi, leggete il numero e fate la domanda corrispondente al compagno.*

1. Che scuola frequentavi quattro anni fa?
2. Quali erano le tue materie preferite alla scuola elementare?
3. Quali giochi facevi quando eri piccolo?
4. Come si chiamavano gli amici con cui giocavi da piccolo?
5. Com'era il cortile della tua scuola elementare?
6. Come avevi i capelli a otto anni?
7. Qual era il tuo giocattolo preferito quando eri piccolo?
8. Quali dolci preferivi da piccolo?
9. Quali bibite bevevi da piccolo?
10. Cosa facevi durante le vacanze quando frequentavi la scuola elementare?

S

7. Scrivi su un foglio come eri quando frequentavi la scuola elementare. Segui lo schema.

| • aspetto fisico | • giochi | • amici | • passatempi | • preferenze |

L C

8. Scambiatevi le descrizioni che avete scritto nell'attività 7. 😊😊 Leggete il testo del vostro compagno, fate domande e rispondete per avere altre informazioni, come nell'esempio.

HAI SCRITTO CHE PREFERIVI GIOCARE A PALLAVOLO. AVEVI ALTRE PREFERENZE?

MI PIACEVA ANCHE SUONARE IL FLAUTO. E TU HAI SCRITTO CHE...

Modulo 1 Unità 1

9. *Ascolta la telefonata fra Manuele e Flavio. Scrivi su un foglio i nomi dei luoghi nominati. Confrontatevi.*

10. *Riascolta la telefonata e aggiungi sul foglio le informazioni riferite ai luoghi nominati. Confrontatevi.*

11. *A turno dite cosa si fa di solito in un posto di mare, come nell'esempio.*

  AL MARE SI MANGIA IL GELATO.

12. *Scrivi su un foglio almeno tre usanze particolari del luogo in cui vivi.*

13. *Dite a turno cinque cose che avete fatto in vacanza.*

Parole per... parlare delle vacanze

mare	museo	uscire
sole	cibo	cenare
spiaggia	amici	ballare
montagna	discoteca	visitare
pizzeria	libri	viaggiare
ristorante	divertirsi	dormire
mostra	riposarsi	conoscere

Modulo 1 Unità 1

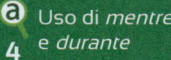

14. *A turno scegliete una casella e fate una frase, usando **mentre** o **durante**, come nell'esempio. Solo le frasi corrette valgono un punto. Vince chi ha più punti.*

IERI, DURANTE LA PARTITA A TENNIS, HO PERSO UN ORECCHINO.

camminavo ✓	la partita ✓	la passeggiata	leggevo	la nuotata
la lettura	il pranzo	la cena	la telefonata	ascoltavo
la colazione	telefonavo	bevevo	mangiavo	pensavo
guardavo	le vacanze	suonavo	riposavo	l'allenamento
correvo	nuotavo	il temporale	uscivo	entravo

IERI, MENTRE CAMMINAVO, HO INCONTRATO MANUELE.

Modulo 1 Unità 1

15. 😊😊😊 Completate oralmente le frasi, come nell'esempio.

MENTRE GIACOMO FACEVA UNA PASSEGGIATA CON MARCO, HA INCONTRATO DUE AMICHE.

1 Mentre Giacomo faceva una passeggiata con Marco,...

2 Mentre Chiara leggeva,...

3 Mentre Monica lavorava al computer,...

16. Sai che cosa vuol dire? Leggi le battute del dialogo dell'attività 9.

> *Manuele:* Ma come? Uva... al mare?
> *Flavio:* Certo, **paese che vai, usanze che trovi!** A Vernazza, nelle Cinque Terre, le vigne quasi toccano l'acqua.

"Paese che vai, usanze che trovi" in questo caso vuol dire:

Nel paese dove vado trovo cose usate.

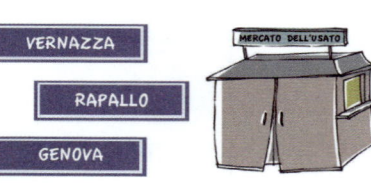
Le cose usate si possono comprare in ogni paese.

Ogni paese ha usi e costumi diversi.

17. Che cosa hai imparato?

Q20

IO SO...

Modulo 1 Unità 1

ITALIA Lo sai che...

ALPI

MAR LIGURE

MAR TIRRENO

MAR ADRIATICO

MAR IONIO

L'Italia fisica
L'Italia è una penisola a forma di stivale. È bagnata dal Mar Adriatico, dal Mar Ionio, dal Mar Tirreno e dal Mar Ligure. Ha tanti diversi paesaggi come quello alpino, quello collinare e quello mediterraneo. Nelle zone alpine, a Nord, il clima cambia molto nelle varie stagioni: fa molto freddo in inverno e molto caldo in estate. Nelle zone più a Sud il clima è mite. Per questo motivo in Italia ci sono tanti tipi di prodotti agricoli. I più importanti sono la verdura, la frutta e i cereali. I lavori legati all'ambiente naturale sono molto diversi: dal contadino, al pescatore, al maestro di sci.

La verdura

La frutta

I cereali

Modulo 1 Unità 1

1. Imperfetto

Imperfetto di *essere* e *avere*

	essere	avere
Io	ero	avevo
Tu	eri	avevi
Lei/Lui	era	aveva
Noi	eravamo	avevamo
Voi	eravate	avevate
Loro	erano	avevano

Imperfetto dei verbi regolari

	frequent-are	riman-ere	usc-ire
Io	frequent**avo**	riman**evo**	usc**ivo**
Tu	frequent**avi**	riman**evi**	usc**ivi**
Lei/Lui	frequent**ava**	riman**eva**	usc**iva**
Noi	frequent**avamo**	riman**evamo**	usc**ivamo**
Voi	frequent**avate**	riman**evate**	usc**ivate**
Loro	frequent**avano**	riman**evano**	usc**ivano**

Imperfetto di alcuni verbi irregolari

	bere	dire	fare	tradurre
Io	bevevo	dicevo	facevo	traducevo
Tu	bevevi	dicevi	facevi	traducevi
Lei/Lui	beveva	diceva	faceva	traduceva
Noi	bevevamo	dicevamo	facevamo	traducevamo
Voi	bevevate	dicevate	facevate	traducevate
Loro	bevevano	dicevano	facevano	traducevano

2. *Si* impersonale

si + verbo in terza persona singolare	*si* + verbo in terza persona plurale
D'estate la sera **si mangia** il gelato.	D'estate la sera **si mangiano** i gelati.

Attenzione!

Usiamo il *si* impersonale al posto di *la gente, le persone, tutti/alcuni/molti*.

3. Uso del passato prossimo e dell'imperfetto

Passato prossimo	Imperfetto
azione compiuta	descrizioni azioni abituali o ripetute nel passato con *mentre*

4. Uso di *mentre* e *durante*

Mentre + verbo	Durante + nome comune
Mentre passeggiavo…	Durante la passeggiata…

Modulo 1 Unità 2

Rosso di sera, bel tempo si spera

IMPARO A PARLARE DEI COLORI.

c

1. *Guardate le foto. Quale preferite? Perché?*

2. Leggi il testo e rispondi alle domande. Confrontatevi.

In natura esistono sette colori: il rosso, l'arancione, il giallo, il verde, l'azzurro, l'indaco e il violetto. Sono i colori dell'arcobaleno. I colori possono essere primari (rosso, blu e giallo) e secondari (quando si formano mescolando due o più colori). Si distinguono anche colori caldi, freddi e neutri. Sono caldi i colori che tendono al rosso, al giallo, all'arancio: sono luminosi e ricordano il sole. Sono freddi i colori che tendono al blu, al violetto, al verde: ricordano la neve, il ghiaccio, il mare, il cielo. Sono neutri i colori che tendono al bianco, al nero, al grigio.

1. Quanti colori esistono in natura?
2. Quali sono i colori primari?
3. Come si distinguono ancora i colori?
4. Quali sono i colori caldi?
5. Quali sono i colori freddi?
6. Quali sono i colori neutri?

Modulo 1 Unità 2

3. *Scegli il tuo colore preferito e leggi la sua descrizione. Poi trova qualcuno che ha scelto il tuo stesso colore.* 😊😊 *Confrontatevi.*

 **BLU**

È un colore primario. Ricorda il mare e il cielo. È il colore della quiete e della calma, si adatta quindi a una persona tranquilla, sicura ed equilibrata. Si associa all'acqua e alla pulizia. Se si guarda a lungo questo colore, si prova una sensazione di armonia e di serenità. Le persone che amano il blu sono socievoli, sensibili, sagge.

 **ARANCIONE**

È un colore caldo. Si forma mescolando il rosso con il giallo. Unisce l'energia del rosso con la felicità del giallo. Rappresenta l'entusiasmo, la creatività. Piace molto ai giovani, porta allegria. Se si guarda a lungo, ci si sente attivi e vitali. Le persone che amano il colore arancione sono buone e stanno bene con tutti, inoltre amano il lavoro mentale e il successo.

 **ROSSO**

È un colore primario. È un colore caldo, il colore del fuoco e del sangue. È il primo colore dell'arcobaleno e il primo che i neonati riconoscono. Fa pensare alla guerra, al pericolo, ma anche al coraggio e all'azione. Il rosso ispira ottimismo. Infatti un proverbio dice: "Rosso, di sera, bel tempo si spera!". Dunque se in cielo ci sono nuvole rosse, il giorno dopo il tempo sarà bello. Le persone che amano il rosso sono ottimiste e piene di vita.

 **NERO**

È un colore neutro: il colore che manca di colore, ma fa risaltare gli altri colori. Fa pensare all'eleganza, al mistero. Chi sceglie questo colore vuole protestare, vuole dire che è insoddisfatto, vuole cambiare il mondo. Di solito ama anche altri colori, ma li rifiuta. Le persone che amano il nero sono interessanti sia nel modo di essere che nel modo di vivere.

 **MARRONE**

È il colore della terra senza verde, senza alberi e piante. È formato dal rosso e dal giallo, quindi è un colore caldo e mescola l'attività e la creatività. Rappresenta il benessere fisico e la soddisfazione verso se stessi. Le persone che amano il marrone sono serie, responsabili e attente. Hanno un obiettivo e lo raggiungono. Non amano i cambiamenti.

Modulo 1 Unità 2

VERDE

È il colore della natura, dei prati e dei boschi. È un colore freddo, si ottiene mescolando blu e giallo. Se si guarda a lungo, si avverte un senso di pace e di tranquillità. È il colore della volontà e della fiducia in se stessi. Chi ama il verde è equilibrato e costante nei sentimenti. Le "persone verdi" sono tranquille, sincere e amano stare con gli altri.

GIALLO

È un colore caldo e primario. È il colore del sole. È associato alla gioia e alla felicità. Chi ama il giallo è alla ricerca di libertà, di cambiamenti e novità. Si adatta ad una persona estroversa e ricca di energia. Se si guarda a lungo questo colore, si rimane affascinati, catturati. Le persone che amano il giallo hanno una personalità allegra, laboriosa e ironica.

VIOLA

È il colore che ci ricorda una serra, un giardino in fiore. Si ottiene mescolando rosso e blu. Chi ama il viola ha fiducia negli altri e vede la realtà nelle sue forme più positive. Le persone che amano il viola sono estremamente sensibili e cercano di essere diverse; non vogliono confondersi con gli altri.

GRIGIO

È il colore della nebbia, senza contorni e senza luci. Non è né chiaro né scuro, né bianco né nero. È un colore neutro, privo di differenze. Chi ama il grigio è a metà strada, ancora deve scegliere e decidere. Le persone che amano il grigio cercano la calma e la pace apparente. Sono grandi lavoratori e puntano in alto.

BIANCO

Il bianco è un colore neutro e contiene tutti i colori. È il colore della purezza, del candore e dell'apertura al mondo. È la pagina bianca su cui tutto si può ancora scrivere. Chi ama il bianco ha fiducia nel mondo, negli altri, è contrario alla violenza e non vuole vedere la realtà nelle sue forme più brutali.

Modulo 1 Unità 2

C

4. Intervista due compagni che non hanno scelto il tuo stesso colore e chiedi di motivare la loro scelta, come nell'esempio.

Q1
Q2

a Aggettivi di colore
1

CHE COLORE HAI SCELTO? A CHE COSA TI FA PENSARE? CHE CARATTERE HAI?

HO SCELTO... MI FA PENSARE A... SONO UN RAGAZZO TRANQUILLO E...

L C

5. Leggete le seguenti espressioni sui colori bianco e nero. Poi recitate delle brevi scenette, come nell'esempio.

Colore	Espressione	Spiegazione
bianco	1 fare la settimana bianca	passare una settimana sulla neve
	2 alzare bandiera bianca	non voler continuare una battaglia, arrendersi
	3 passare la notte in bianco	passare la notte senza dormire
	4 sbiancare	impallidire per la paura
nero	1 passare una giornata nera	passare una giornata difficile
	2 essere di umore nero	essere di cattivo umore
	3 fare un lavoro in nero	fare un lavoro non regolare
	4 vedere tutto nero	essere pessimista

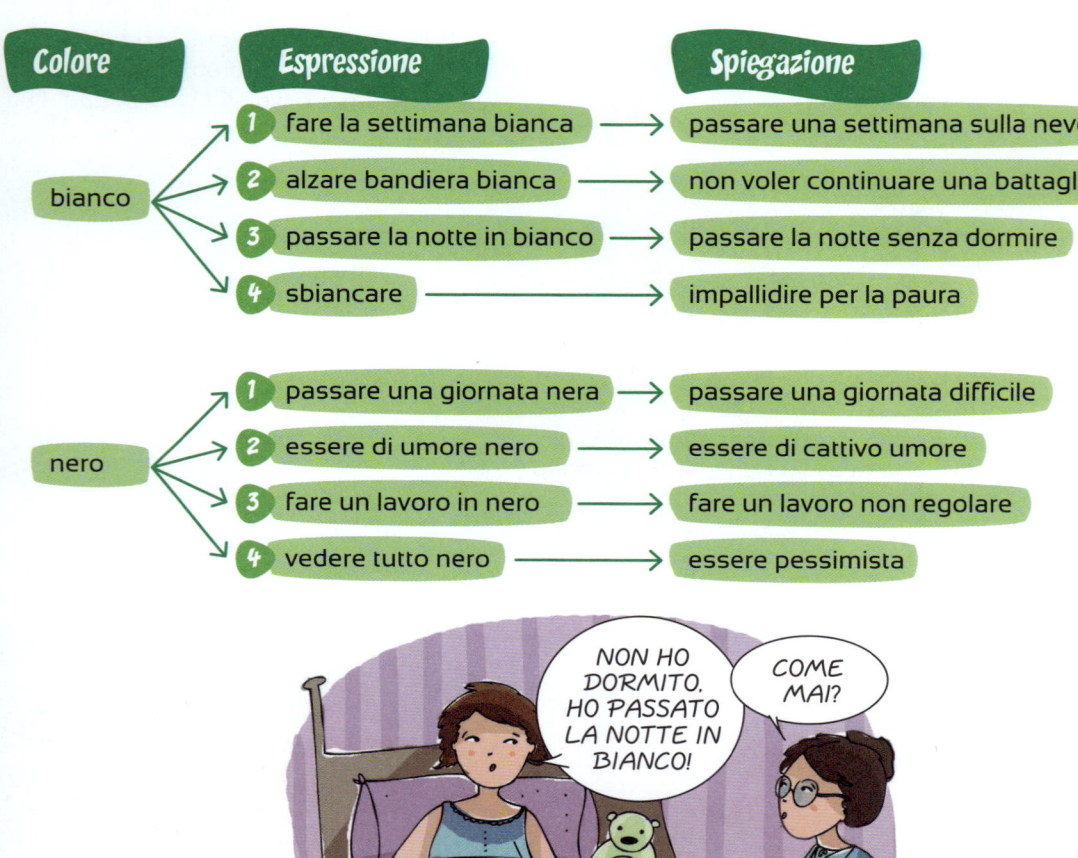

NON HO DORMITO. HO PASSATO LA NOTTE IN BIANCO!

COME MAI?

DOPO UNA GIORNATA NERA, COME QUELLA DI IERI, CAPIRAI!

A C

6. Ascolta il testo e conta quante volte viene nominato il colore rosso. Attenzione: solo il colore rosso! Confrontatevi.

3

7. Abbina il significato alle espressioni e scopri la parola nascosta.

Colore	Espressione	Spiegazione
rosso	1 Fermati al rosso!	I Divento rossa per la vergogna.
	2 Divento rossa come un gambero.	V Fermati finché sei in tempo!
	3 Vedo rosso!	A Sono arrabbiato!

8. 😊😊😊 Leggete e osservate i disegni. Scrivete su un foglio dei brevi dialoghi con le espressioni legate al verde.

avere il pollice verde
(essere bravo con le piante)

essere al verde
(non avere soldi)

diventare verde
(arrabbiarsi molto)

Modulo 1 Unità 2

9. Leggi le espressioni e cerca la spiegazione con l'aiuto dei disegni. 😊😊😊 Confrontatevi.

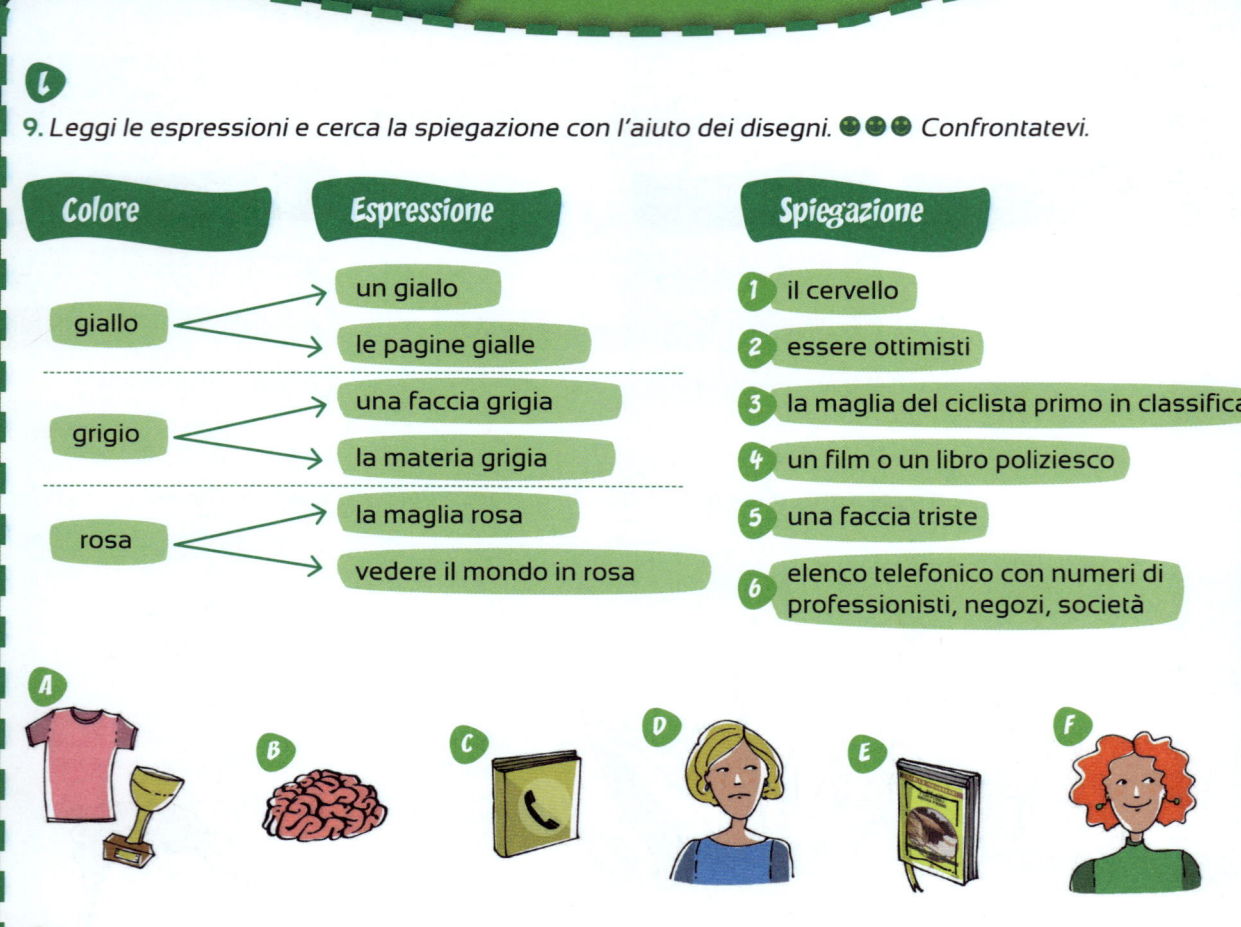

Colore	Espressione		Spiegazione
giallo	un giallo / le pagine gialle	1	il cervello
		2	essere ottimisti
grigio	una faccia grigia / la materia grigia	3	la maglia del ciclista primo in classifica
		4	un film o un libro poliziesco
rosa	la maglia rosa / vedere il mondo in rosa	5	una faccia triste
		6	elenco telefonico con numeri di professionisti, negozi, società

10. 😊😊 Leggete il testo e sostituite le parti sottolineate con le espressioni dell'attività 9.

23 ottobre
Oggi, giornata triste... almeno all'inizio... Alla solita ora, sono uscita per andare a scuola, ma dopo cento metri mi sono accorta di aver dimenticato l'abbonamento dell'autobus. Ho pensato subito di avere "poco <u>cervello</u>". Sono corsa a casa e vicino all'abbonamento ho visto il <u>libro poliziesco</u> che volevo portare a Fabrizio. Poi però lo sguardo mi è caduto sulla cuccia del cane. Il mio caro Tommy non si muoveva: stava male! Subito sono corsa dalla mamma con l'<u>elenco telefonico</u> per chiamare un veterinario. Avevo davvero una <u>faccia triste</u>. Allora la mamma mi ha detto: "Forza, cerca di <u>essere ottimista</u>! Tommy starà presto bene". Mi sono calmata e ho deciso di non andare a scuola per aspettare il veterinario. È arrivato subito e indossava una <u>maglia uguale a quella dei ciclisti primi in classifica</u>. Era davvero buffo. Ha fatto un'iniezione a Tommy che è guarito subito. Ho abbracciato il veterinario: era veramente il primo in classifica!

Modulo 1 Unità 2

L S

11. Leggi il testo. Poi scegli una o più espressioni delle attività 5, 7, 8, 9 e scrivi su un foglio una breve storia. 😊😊 Leggila a qualcuno e dopo ascolta la sua storia.

Q5
Q7

a Aggettivi possessivi
2 con nomi di parenti

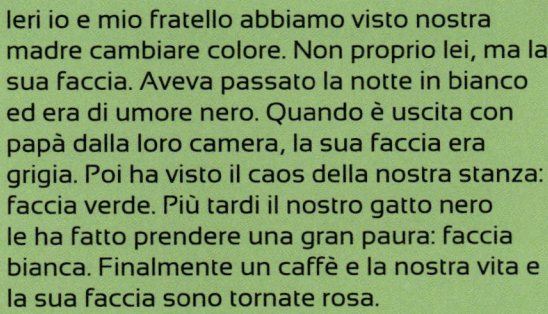

Ieri io e mio fratello abbiamo visto nostra madre cambiare colore. Non proprio lei, ma la sua faccia. Aveva passato la notte in bianco ed era di umore nero. Quando è uscita con papà dalla loro camera, la sua faccia era grigia. Poi ha visto il caos della nostra stanza: faccia verde. Più tardi il nostro gatto nero le ha fatto prendere una gran paura: faccia bianca. Finalmente un caffè e la nostra vita e la sua faccia sono tornate rosa.

L P

12. Rileggi il testo dell'attività 11 e trova i due aggettivi possessivi con nomi di parenti. 😊😊😊 Confrontatevi.

P

13. 😊😊 A turno scegliete un aggettivo possessivo della lista e dite una frase, come nell'esempio.

le mie · tuo · le tue · mia · i miei · tua · i tuoi · mio · suo · sua · i suoi · le nostre · le sue · i nostri · vostro · nostro · nostra · vostra · i vostri · la loro · i loro · le vostre · le loro · il loro

I MIEI DUE FRATELLI SI CHIAMANO ANDREA E DAVIDE. MIA SORELLA SI CHIAMA ELISABETTA.

Modulo 1 Unità 2

🅐 🅒

14. *Ascolta il "rap" a libro chiuso e scrivi su un foglio i colori che vengono nominati.* 😊😊😊 *Confrontatevi.*

◉ 4

Facciamo bello il mondo, giocando dentro e fuori
cambiamo quel che vedi, siam tanti, siam colori.

Siamo sopra i tetti
corriamo nelle teste
siamo nei cassetti
facciamo delle feste.
Stiamo in mezzo ai prati
non solo bianco e nero
giochiamo scatenati
e tutto torna vero.

Facciamo bello il mondo, giocando dentro e fuori
cambiamo quel che vedi, siam tanti, siam colori.

Siamo così tanti da essere infiniti
provate a fare il conto, cadrete giù sfiniti
milioni sono i verdi in un metro di prato
troppi quegli azzurri nel cielo tanto amato.
E i rossi di una mela non riesci mai a contarli
due occhi sono pochi per vederli e per amarli
vestiti da matite oppure da pennello
ti facciam vedere che colorare è bello.
E se ci metti insieme riusciamo anche a cambiare
diventiamo altro e tu puoi colorare
l'azzurro con il giallo si trasforma in verde
il rosso con l'azzurro e il viola non si perde
e poi fai delle prove e guarda che succede
c'è sempre una sorpresa, è cieco chi non vede.

Facciamo bello il mondo, giocando dentro e fuori
cambiamo quel che vedi, siam tanti, siam colori.

Siamo sopra i tetti
corriamo nelle teste
siamo nei cassetti
facciamo delle feste.
Stiamo in mezzo ai prati
non solo bianco e nero
giochiamo scatenati
e tutto torna vero.

🅛

15. 😊😊 *Leggete a turno il "rap" dell'attività 14. Prestate attenzione al ritmo, all'intonazione e alla pronuncia.*

Modulo 1 Unità 2

S

16. ●●● Scegliete un colore e provate a costruire un "rap". Prendete come modello il rap dell'attività 14.

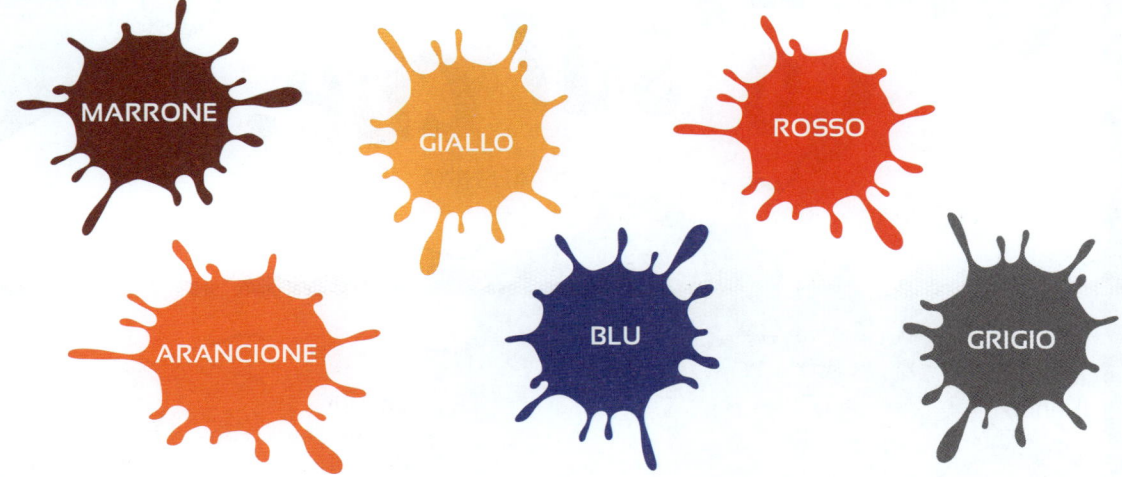

L

17. Sai che cosa vuol dire? Rileggi una parte del testo dell'attività 3.

> *Il rosso ispira ottimismo. Infatti un proverbio dice:*
> *"Rosso di sera, bel tempo si spera!".*

"Rosso di sera, bel tempo si spera" in questo caso vuol dire:

Quando alla sera il cielo è rosso, piove sicuramente.   Quando alla sera il cielo è rosso, il giorno dopo sarà un giorno felice.   Quando alla sera il cielo è rosso, il giorno dopo farà bel tempo.

R

18. Che cosa hai imparato?

Modulo 1 Unità 2

ITALIA Lo sai che...

Le Alpi
Le Alpi vanno dalla Liguria e dal Piemonte al Friuli Venezia-Giulia. Dividono l'Italia dai paesi confinanti: la Francia, la Svizzera, l'Austria e la Slovenia.
Sulle Alpi ci sono diversi ghiacciai. Il monte più alto delle Alpi è il Monte Bianco, dove la neve e il ghiaccio sono perenni. Una lunghissima galleria, scavata nel Monte Bianco, unisce l'Italia alla Francia.

Il Monte Bianco

Modulo 1 Unità 2

1. Aggettivi di colore

Aggettivi del I tipo

maschile		femminile	
singolare	plurale	singolare	plurale
il tetto **rosso**	i tetti **rossi**	la fragola **rossa**	le fragole **rosse**
l'uccello **nero**	gli uccelli **neri**	la penna **nera**	le penne **nere**
il canarino **giallo**	i canarini **gialli**	la mela **gialla**	le mele **gialle**
il cappello **grigio**	i cappelli **grigi**	la giacca **grigia**	le giacche **grigie**
il mantello **bianco**	i mantelli **bianchi**	la parete **bianca**	le pareti **bianche**

Aggettivi del II tipo

maschile		femminile	
singolare	plurale	singolare	plurale
lo zaino **marrone**	gli zaini **marroni**	la castagna **marrone**	le castagne **marroni**
l'astuccio **arancione**	gli astucci **arancioni**	la farfalla **arancione**	le farfalle **arancioni**
il pino **verde**	i pini **verdi**	l'erba **verde**	le erbe **verdi**

Aggettivi invariabili

maschile		femminile	
singolare	plurale	singolare	plurale
il maglione **blu**	i maglioni **blu**	la gonna **blu**	le gonne **blu**
il vaso **viola**	i vasi **viola**	la sciarpa **viola**	le sciarpe **viola**
il fiore **rosa**	i fiori **rosa**	la coperta **rosa**	le coperte **rosa**

2. Aggettivi possessivi con nomi di parenti

maschile		femminile	
singolare	plurale	singolare	plurale
mio fratello	i **miei** fratelli	**mia** sorella	le **mie** sorelle
tuo zio	i **tuoi** zii	**tua** zia	le **tue** zie
suo cugino	i **suoi** cugini	**sua** cugina	le **sue** cugine
nostro nonno	i **nostri** nonni	**nostra** nonna	le **nostre** nonne
vostro nipote	i **vostri** nipoti	**vostra** nipote	le **vostre** nipoti
il **loro** figlio	i **loro** figli	la **loro** figlia	le **loro** figlie

Attenzione!

Con i nomi di parenti al singolare non si mette l'**articolo determinativo** prima dell'aggettivo possessivo.
Si mette però nei seguenti casi: con un diminutivo *(il tuo fratellino)*; con un aggettivo *(il tuo caro fratellino)*; al plurale *(i tuoi fratelli)*; con l'aggettivo possessivo **loro** *(il loro fratello)*.

Modulo 1 Unità 3

Il mattino ha l'oro in bocca

IMPARO A FARE RICHIESTE IN CLASSE.

c

1. Che cosa dici in classe quando chiedi aiuto per risolvere un problema? 😊😊😊 Confrontatevi.

Q1

b c

2. Leggete le battute del fumetto e rispondete alle domande. 😊😊 Confrontatevi.

Che cosa fanno i ragazzi? Fanno delle richieste?

CHIEDI ALLA PROFESSORESSA SE VIENE QUI!

DAMMI LA COLLA!

MI PASSATE IL FOGLIO DA COPIARE?

MI DITE QUALE LIBRO DEVO PRENDERE?

Fanno delle critiche?

Esprimono delle opinioni?

Modulo 1 Unità 3

c

3. 😊😊😊 Sul modello del fumetto dell'attività 2, create dei minidialoghi.

Parole per… rispondere a richieste

Sì, certo. Aspetta un momento, lo faccio subito.
Certamente. No, non posso.
Sì, volentieri. Mi dispiace, ma non posso.

L c

4. Leggi il fumetto e confrontalo con quello dell'attività 2. Noti delle differenze? 😊😊😊 Confrontatevi.

Q2
Q3

a Condizionale semplice
1

CHIEDERESTI ALLA PROFESSORESSA SE VIENE QUI?

MI DARESTI LA COLLA?

MI PASSERESTE IL FOGLIO DA COPIARE?

MI DIRESTE QUALE LIBRO DEVO PRENDERE?

Parole per… confrontare richieste

Le richieste sono:
- più cortesi/meno cortesi.
- più lunghe/meno lunghe.
- espresse con gli stessi tempi verbali/con tempi verbali diversi.
- con stessa punteggiatura/con punteggiatura diversa.

c

5. 😊😊 Leggete le richieste e riformulatele in modo cortese.

Q4
Q6

Chiudi la finestra!
Mi dai il tuo libro di matematica?
Dammi una patatina!
Mi dite i compiti per domani?
Federica, passami la penna!
Professore, ripete quello che ha spiegato? Non ho capito…
Mi corregge il compito?
Paolo, dimmi che ore sono!

Modulo 1 Unità 3

6. ●●● *Per ogni situazione fate richieste cortesi e rispondete, come nell'esempio. Potete utilizzare i verbi della lista.*

Alla sala giochi

| accendere | giocare ✓ | offrire | aiutare | dire | comprare |

| prendere | dormire | dare | fare | uscire |

Al telefono

Davanti al computer

In stazione

Alla partita di...

All'ostello

Modulo 1 Unità 3

P

7. 😊😊 *Guardate l'immagine e rispondete alle domande.*

> Chi potrebbero essere i personaggi?

> Perché i personaggi guardano il cielo?

> Cosa potrebbero dire i personaggi?

A C

8. 😊😊 *Ascoltate: avete indovinato? Confrontatevi.*

A L

9. 😊😊😊 *Riascoltate il dialogo, scegliete le sei frasi giuste e scoprite la parola nascosta.*

- **s** La maglietta di Adriano è sporca di gelato.
- **a** La maglietta di Adriano è sporca di aranciata.
- **c** Un ragazzo in bici ha salutato Oriana.
- **t** Un ragazzo in bici stava per investire Oriana.
- **b** Il papà vede la luna.
- **e** Il papà vede una stella cadente.
- **l** I desideri espressi con le stelle cadenti si avverano.
- **z** I desideri espressi di sera con il cielo stellato si avverano.
- **t** Solo Oriana esprime un desiderio.
- **u** La mamma vuole ritornare a casa.
- **l** La mamma vuole ritornare alla pensione.
- **a** Oriana desidera un cane o un gatto.
- **v** Oriana desidera un gatto e un coniglietto.

Modulo 1 Unità 3

C

10. *Interpretate i minidialoghi, come nell'esempio.*

- mangiare un panino → mangiare una pizza
- visitare la Sicilia → visitare la Sardegna
- giocare a pallamano → giocare a pallavolo
- guardare la TV per quattro ore → guardare la TV solo per un'ora
- ascoltare musica → ascoltare un audiolibro
- guardare un film d'avventura → guardare un cartone animato
- andare volentieri al cinema → andare alla partita di pallacanestro
- leggere un fumetto → leggere un romanzo

P

11. *Leggete le richieste e descrivetele a turno, come nell'esempio.*

Paolo vorrebbe la bici in prestito perché deve fare un salto da Luca.

Andrea   Lucia   Paolo   Martina

Modulo 1 Unità 3

12. Scegliete tre problemi della lista. Uno studente chiede aiuto, gli altri due danno consigli, come nell'esempio. Usate il condizionale.

MIA SORELLA AL MATTINO OCCUPA SEMPRE IL BAGNO. COSA POTREI FARE, SECONDO VOI?

Problemi

- Mia sorella il mattino occupa sempre il bagno. ✓
- Durante la lezione di matematica non ho capito bene le nuove formule.
- Mio fratello non mi lascia in pace.
- C'è un ragazzo del mio gruppo con cui proprio non vado d'accordo.
- La domenica non mi va di andare a passeggio con i miei.
- La bici che ho non funziona più bene.
- Quest'anno non mi va di andare in vacanza nel solito posto.
- Il mio allenatore di nuoto non mi fa partecipare alla gara.

TI CONSIGLIEREI DI ALZARTI MEZZ'ORA PRIMA DI TUA SORELLA!

POTRESTE STABILIRE CHE UNA MATTINA TOCCA PRIMA A TE E UNA A LEI!

Q17

13. A turno leggete le frasi e date consigli, come nell'esempio.

Anna ha mal di testa. ✓

Carlo ha detto una bugia e si vergogna.

Nicola non ha il cellulare e deve telefonare.

ANNA HA MAL DI TESTA. IO, AL POSTO SUO, PRENDEREI UNA PASTIGLIA.

Piero ha molta sete.

Claudia si è persa.

Franco ha perso i soldi.

La nonna si è tagliata con il coltello.

Giulio ha preso un brutto voto in matematica.

Modulo 1 Unità 3

14. Desideri fare un viaggio in Italia. Scrivi una lettera a un amico per dirgli dove andresti e cosa faresti. Scambiatevi i fogli e leggete.

Parole per... raccontare un viaggio

visitare	vedere	fare foto
andare	rimanere	bere
viaggiare	fare	spendere
incontrare	cercare	provare
mangiare	comprare	partire

VORREI ANDARE A SIRACUSA IN SICILIA. NATURALMENTE PRIMA COMPREREI UNA BUONA GUIDA TURISTICA!

15. Sai che cosa vuol dire? Leggi le battute del dialogo dell'attività 8.

Adriano: Perché devo alzarmi presto?
Mamma: Perché **il mattino ha l'oro in bocca.**
Adriano: E cosa vuol dire?
Mamma: Che al mattino si lavora meglio!

"Il mattino ha l'oro in bocca" in questo caso vuol dire:

Al mattino si trova l'oro. — Chi apre la bocca al mattino parla dell'oro. — Chi lavora al mattino ottiene buoni risultati.

16. Che cosa hai imparato?

 Q18

IO SO...

Modulo 1 Unità 3

ITALIA Lo sai che...

Gli Appennini
Gli Appennini attraversano l'intera penisola italiana e contribuiscono alla sua varietà di climi e ambienti naturali. Gli Appennini si sono formati prima delle Alpi. Sono meno alti e hanno cime più arrotondate. Il monte più alto degli Appennini è il Gran Sasso. Negli Appennini si trova il Parco Nazionale d'Abruzzo. Tra gli animali del parco ci sono l'orso bruno marsicano e il lupo appenninico.

L'orso bruno marsicano

Il lupo appenninico

trentatré

Modulo 1 Unità 3

Grammatic@

1. Condizionale semplice

	essere	avere
Io	sarei	avrei
Tu	saresti	avresti
Lei/Lui	sarebbe	avrebbe
Noi	saremmo	avremmo
Voi	sareste	avreste
Loro	sarebbero	avrebbero

	ritorn-are	prend-ere	pul-ire
Io	ritorn-**erei**	prend-**erei**	pul-**irei**
Tu	ritorn-**eresti**	prend-**eresti**	pul-**iresti**
Lei/Lui	ritorn-**erebbe**	prend-**erebbe**	pul-**irebbe**
Noi	ritorn-**eremmo**	prend-**eremmo**	pul-**iremmo**
Voi	ritorn-**ereste**	prend-**ereste**	pul-**ireste**
Loro	ritorn-**erebbero**	prend-**erebbero**	pul-**irebbero**

	dovere	volere	potere
Io	dovrei	vorrei	potrei
Tu	dovresti	vorresti	potresti
Lei/Lui	dovrebbe	vorrebbe	potrebbe
Noi	dovremmo	vorremmo	potremmo
Voi	dovreste	vorreste	potreste
Loro	dovrebbero	vorrebbero	potrebbero

Attenzione!

I verbi in *-ciare* e *-giare* perdono la lettera *i* della radice.
I verbi in *-care* e *-gare* prendono l'*h* per mantenere il suono duro.

	cominci-are	passeggi-are	cer-care	liti-gare
Io	comincerei	passeggerei	cercherei	litigherei
Tu	cominceresti	passeggeresti	cercheresti	litigheresti
Lei/Lui	comincerebbe	passeggerebbe	cercherebbe	litigherebbe
Noi	cominceremmo	passeggeremmo	cercheremmo	litigheremmo
Voi	comincereste	passeggereste	cerchereste	litighereste
Loro	comincerebbero	passeggerebbero	cercherebbero	litigherebbero

Attenzione!

Molti verbi hanno il condizionale 'contratto'. Ad esempio **andare** (**andrei**, **andresti**...) e **venire** (**verrei**, **verresti**...).

Modulo 1 Unità 4

Cane che abbaia non morde

IMPARO A PARLARE DI COME LA GENTE VIVEVA ANNI FA.

C

1. *Quale situazione è rappresentata nel disegno?* *Aiutatevi con le frasi della lista.*

- Valentina chiede cosa c'è per cena.
- La mamma esce e tornerà tardi.
- La mamma e la nonna stanno uscendo.
- Valentina ha preparato la cena per la nonna.
- Valentina trascorre la serata con la nonna.
- La nonna arriva per fare da "bambinaia" ai nipoti.
- Valentina sparisce nella sua stanza.
- Daniele ascolta musica rap.
- La nonna non porta nulla.
- Valentina ha preparato la stanza per la nonna.
- Daniele ascolta musica classica.
- La nonna porta una torta al cioccolato.

Modulo 1 Unità 4

2. Ascoltate il dialogo. Avete indovinato?

3. Riascolta il dialogo e scrivi su un foglio in sequenza quello che succede in casa di Valentina. Confrontatevi.

a 1 Pronomi diretti e presente dei verbi
Pronomi diretti e concordanza con il participio passato

È sera, suona il campanello. Il cane...

4. Formate gruppi di quattro. Ognuno sceglie uno dei personaggi. Riascoltate il dialogo dell'attività 2, prendete appunti sul personaggio scelto e recitate la scenetta.

5. Leggi il fumetto a pagina 37. Completate oralmente a turno le frasi con le informazioni mancanti.

Valentina propone alla nonna di...

In una foto del 1950 la nonna di Valentina sta...

Del primo giorno di scuola Valentina ricorda...

La trisnonna di Valentina era una persona...

Valentina è innamorata di...

Cane che abbaia non morde vuol dire...

La nonna vuole parlare di...

Negli anni Settanta la nonna di Valentina voleva...

Modulo 1 Unità 4

Modulo 1 Unità 4

6. *Valentina racconta nel suo diario la serata con la nonna. Scrivi su un foglio la pagina del diario di Valentina. Segui lo schema.*

arrivo della nonna — cena — davanti alla TV — davanti al computer — conclusioni e commenti

Caro diario...

7. *Racconta gli episodi della vita del nonno e della nonna di Valentina.*

- La nonna della nonna...
- Negli anni Settanta...
- Nel 1950...

8. *Leggi il racconto di nonna Giusi e trova gli oggetti e le situazioni che oggi non esistono più.*

Esserci: presente, imperfetto, futuro

Q12
Q13

Quando ero piccola, ero una bambina tranquilla. Solo ogni tanto facevo i capricci e andavo a nascondermi in un angolo della cucina. Giocavo spesso con gli altri bambini in un grande cortile davanti alla nostra casa. A sei anni sono andata a scuola. Avevo una cartella di cuoio e un astuccio di legno con i colori, le matite e una penna con un pennino. L'inchiostro era in un calamaio sul banco. Il calamaio era una piccola bottiglia con un coperchio di metallo. Era difficile scrivere con un pennino. Si facevano molte macchie, ma si usava la carta assorbente per asciugarle. Non esisteva il bianchetto. A dieci anni ho fatto l'esame di ammissione alla Scuola Media. Dovevo studiare anche il latino che non era davvero semplice. Adesso guardando il tuo zaino mi rendo conto di quanto il tempo è passato in fretta e di quante cose nuove avete voi. Una volta c'erano l'astuccio di legno, la penna con il pennino, il calamaio con l'inchiostro e oggi non ci sono più. Chissà quante cose nuove ci saranno in futuro!

Modulo 1 Unità 4

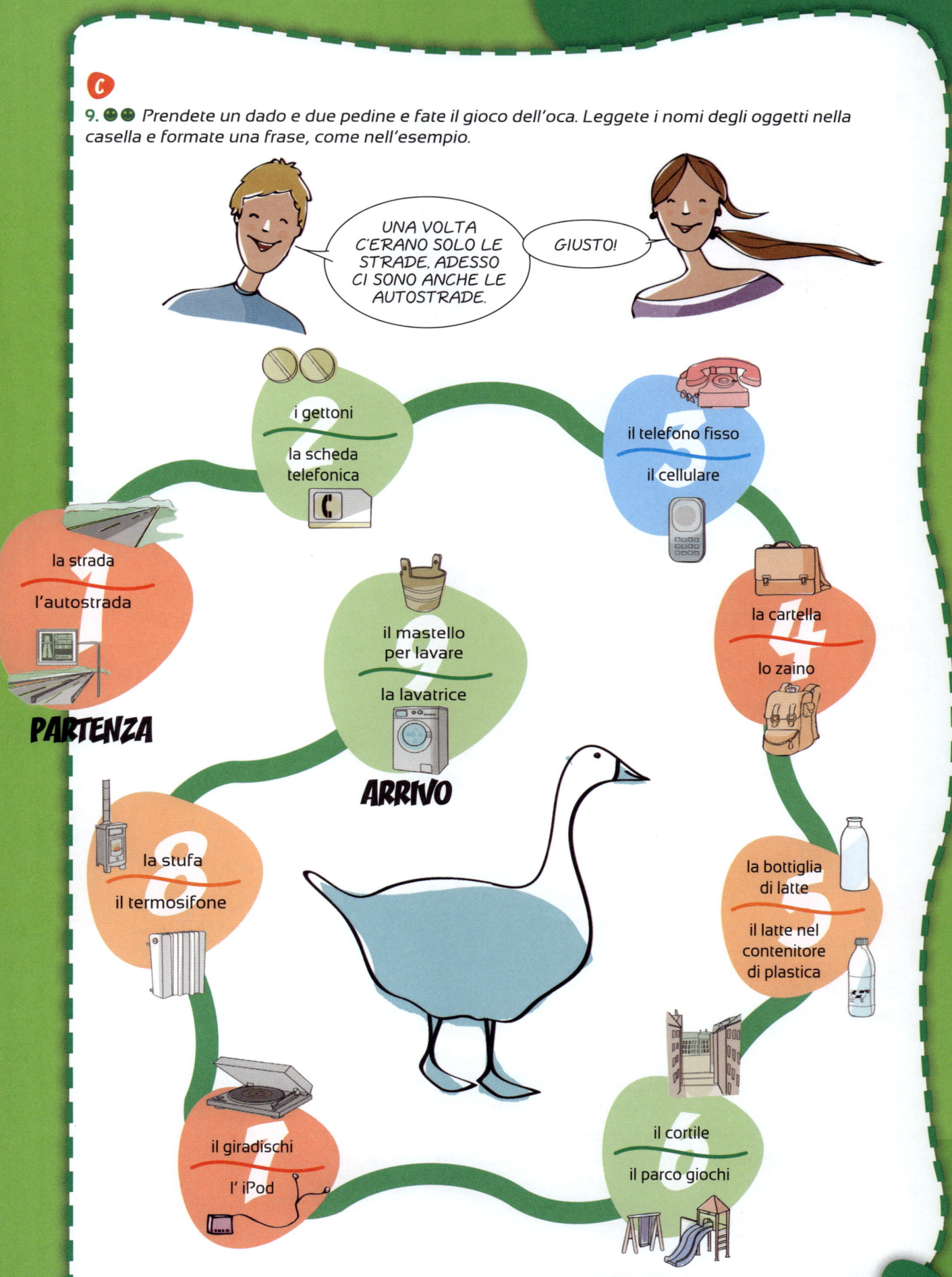

C

9. *Prendete un dado e due pedine e fate il gioco dell'oca. Leggete i nomi degli oggetti nella casella e formate una frase, come nell'esempio.*

UNA VOLTA C'ERANO SOLO LE STRADE, ADESSO CI SONO ANCHE LE AUTOSTRADE.

GIUSTO!

PARTENZA

1. la strada / l'autostrada
2. i gettoni / la scheda telefonica
3. il telefono fisso / il cellulare
4. la cartella / lo zaino
5. la bottiglia di latte / il latte nel contenitore di plastica
6. il cortile / il parco giochi
7. il giradischi / l'iPod
8. la stufa / il termosifone
9. il mastello per lavare / la lavatrice

ARRIVO

trentanove 39

Modulo 1 Unità 4

10. A turno formate frasi con il futuro, come nell'esempio. Fate volare la vostra fantasia!

OGGI CI SONO LE AUTOSTRADE. DOMANI FORSE CI SARÀ IL TELETRASPORTO!

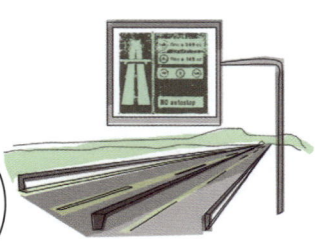

l'autostrada

il teletrasporto

11. Chiedi a qualcuno che conosci se in passato esistevano gli oggetti della lista. Raccontate a turno le informazioni raccolte.

LO SKATEBOARD

IL CASCHETTO

IL TELEFONO

IL TRAMEZZINO

L'AEREO

LA LATTINA

IL TRENO

IL CD

12. Intervista una persona anziana della tua famiglia. Fa' le seguenti domande e prendi appunti su un foglio.

Facevi sport? Come ti vestivi e quali attrezzi usavi?
Giocavi con gli amici? Quali giochi facevi?
Viaggiavi? Quali mezzi di trasporto usavi?
Quale scuola frequentavi a undici/dodici anni?
Quali elettrodomestici avevi in casa?
Guardavi la TV? Com'era?
Ascoltavi la musica? Quale apparecchio usavi per ascoltarla?

40
quaranta

13. Scrivi un breve testo con le informazioni ricavate dall'intervista dell'attività 12. Segui lo schema. 😊😊😊 Confrontatevi.

persona intervistata	informazioni ricavate	conclusione
nome, età, luogo in cui viveva...	sport, giochi, abitudini, vestiti, oggetti...	confronto con il nostro tempo, curiosità particolari...

14. Sai cosa vuol dire? Rileggi le battute del dialogo dell'attività 2.

> *Valentina:* Ciao, nonna. Timmy, smettila di abbaiare, è la nonna!
> *Nonna:* Ciao, Valentina, lascialo abbaiare: **cane che abbaia non morde**... è come i miei vicini di casa, brontolano sempre con tutti, ma poi non succede mai niente.

"Cane che abbaia non morde" in questo caso vuol dire:

Un cane che abbaia morde una persona.

Un cane che abbaia non fa del male a nessuno.

Un cane abbaia e morde altri cani.

15. Che cosa hai imparato?

IO SO...

Modulo 1 Unità 4

ITALIA Lo sai che...

ALTA PIANURA
BASSA PIANURA
Po

Po
PIANURA PADANA

La Pianura Padana
La Pianura Padana è stata formata dal fiume Po e dai corsi d'acqua che scendevano dalle montagne e che hanno depositato tanti detriti (materiali di vario tipo).
Il paesaggio della Pianura Padana oggi è molto vario: ci sono campi coltivati e zone bonificate con canali artificiali.
Il suo territorio si divide in due parti: l'alta e la bassa pianura. La prima è meno fertile e oggi vi si trovano tante industrie, la seconda invece ha molta acqua ed è una zona agricola molto ricca. Tra le coltivazioni ci sono quella dei cereali, come grano, mais e soprattutto riso.

Il riso *Il mais* *Il grano*

Grammatic@

Modulo 1 Unità 4

1. Pronomi diretti e presente dei verbi
   Pronomi diretti e concordanza con il participio passato

Pronomi diretti e presente dei verbi

	Presente + pronomi diretti in forma tonica	Presente + pronomi diretti in forma atona
Io	Valentina ascolta **me**	Valentina **mi** ascolta
Tu	Valentina ascolta **te**	Valentina **ti** ascolta
Lei/Lui	Valentina ascolta **lei** (la nonna) Valentina ascolta **lui** (il nonno)	Valentina **la** ascolta (la nonna) Valentina **lo** ascolta (il nonno)
Noi	Valentina ascolta **noi**	Valentina **ci** ascolta
Voi	Valentina ascolta **voi**	Valentina **vi** ascolta
Loro	Valentina ascolta **loro** (le nonne) Valentina ascolta **loro** (i nonni)	Valentina **le** ascolta (le nonne) Valentina **li** ascolta (i nonni)

Pronomi diretti e concordanza con il participio passato

	Passato prossimo + pronomi diretti in forma tonica	Passato prossimo + pronomi diretti in forma atona
Io	Valentina ha ascoltato **me**	Valentina **mi** ha ascoltato
Tu	Valentina ha ascoltato **te**	Valentina **ti** ha ascoltato
Lei/Lui	Valentina ha ascoltato **lei** (la nonna) Valentina ha ascoltato **lui** (il nonno)	Valentina **la** ha ascoltata (la nonna) Valentina **lo** ha ascoltato (il nonno)
Noi	Valentina ha ascoltato **noi**	Valentina **ci** ha ascoltato
Voi	Valentina ha ascoltato **voi**	Valentina **vi** ha ascoltato
Loro	Valentina ha ascoltato **loro** (le nonne) Valentina ha ascoltato **loro** (i nonni)	Valentina **le** ha ascoltate (le nonne) Valentina **li** ha ascoltati (i nonni)

2. Esserci: presente, imperfetto, futuro

	Presente	Imperfetto	Futuro
Lei/Lui	c'è	c'era	ci sarà
Loro	ci sono	c'erano	ci saranno

Modulo 1 Unità 5

Chi va piano, va sano e lontano

IMPARO A CONOSCERE I VIAGGIATORI DEL PASSATO.

C

1. Osserva la carta geografica. È segnato il viaggio di un famoso mercante-viaggiatore. Chi è? Scegli tra i nomi della lista. 😊😊 Confrontatevi.

- Marco Polo
- Cristoforo Colombo
- Ferdinando Magellano
- Vasco da Gama

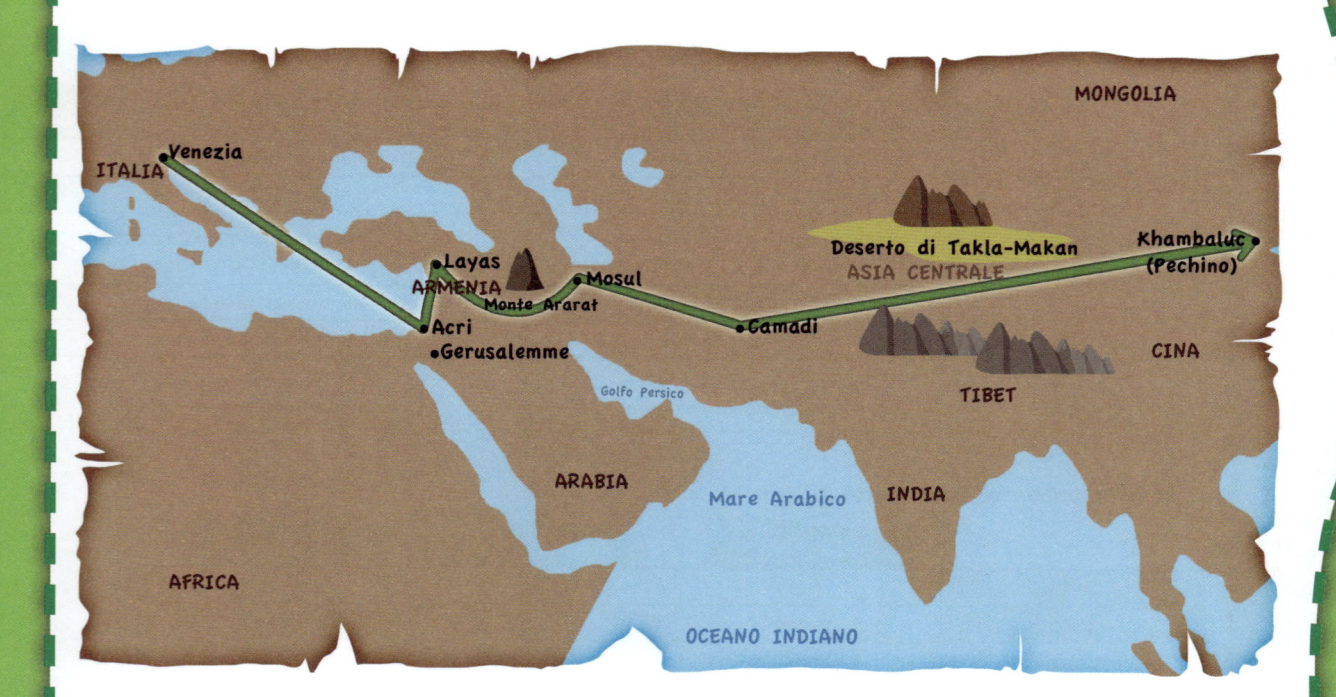

C

2. 😊😊 Risolvete l'anagramma e scoprite il nome del viaggiatore.

P A L C O   M O R O

44
quarantaquattro

Modulo 1 Unità 5

C S

a Preposizioni *in, con, di*
1

3. Immaginate di fare voi un viaggio come quello dell'attività 1. Discutete e scrivete su un foglio i mezzi di trasporto da usare e le cose da portare.

- L'AEREO
- IL TRENO
- LA NAVE
- L'AUTOMOBILE
- L'AUTOBUS
- LA PILA
- LO ZAINO
- LA GIACCA A VENTO
- GLI SCARPONI
- LE MAGLIETTE
- I MAGLIONI
- LA BUSSOLA
- LA CARTA GEOGRAFICA
- I SANDALI
- IL PORTAFOGLIO CON I SOLDI
- L'OROLOGIO

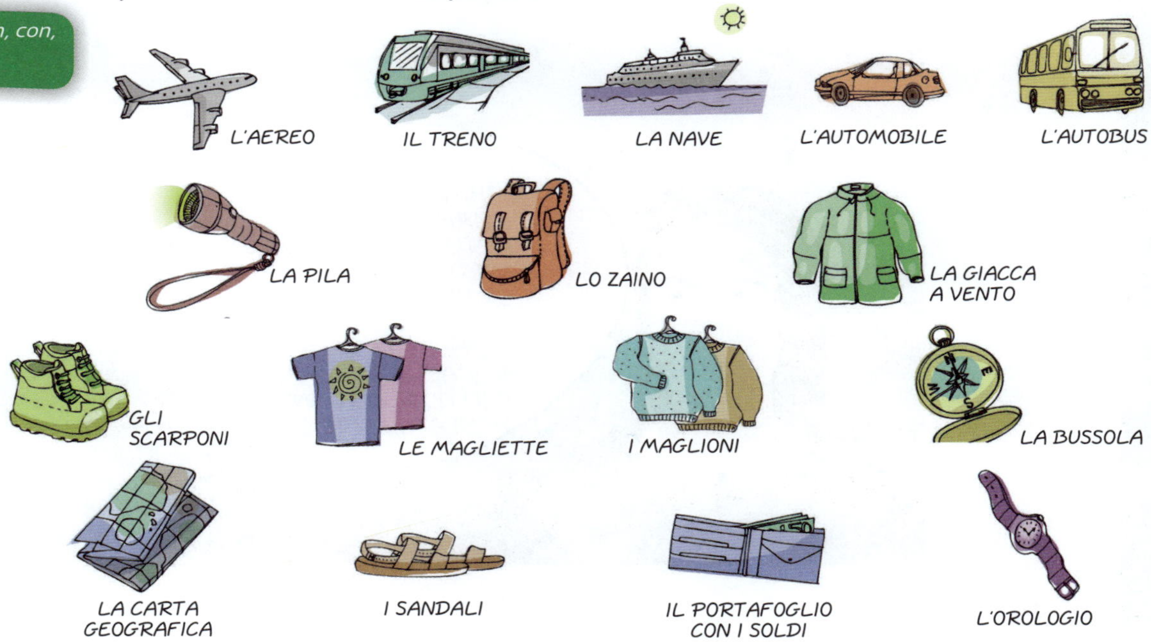

S P

4. Immagina di essere nel 1200. Come ti sposti e che cosa porti con te? Guarda la lista e prendi appunti su un foglio. Confrontatevi e spiegate il perché delle vostre scelte, come nell'esempio.

> PORTO CON ME DEL DENARO COSÌ POSSO COMPRARE QUELLO CHE MI SERVE.

> IO INVECE PORTO CON ME LA CARTA DEI PUNTI CARDINALI, COSÌ SO SEMPRE DOVE ANDARE.

- LA BORSA CON LE MONETE
- LE BOTTI
- LA FRUTTA
- I LIBRI
- IL MANTELLO
- IL VELIERO
- LA CANDELA
- IL CARRO CON LA TENDA
- I CAVALLI
- I CAMMELLI
- LA CARTA DEI PUNTI CARDINALI
- LA BORRACCIA
- GLI STIVALI
- LA CARTA ASTRONOMICA
- LA CARTA GEOGRAFICA
- IL BAULE PER I VESTITI

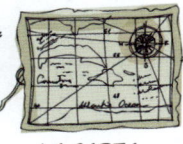

Modulo 1 Unità 5

L C

5. *Che cosa dice questo viaggiatore? Con chi fa il viaggio? Segui le istruzioni ed esegui il compito che ti assegna.* Confrontatevi.

> MI CHIAMO MARCO POLO. SIAMO NEL 1271 E PARTO CON MIO PADRE NICCOLÒ E MIO ZIO MATTEO PER UN LUNGO VIAGGIO. GUARDA NELLA CARTINA DELL'ATTIVITÀ 1 DA QUALE CITTÀ PARTO E IN QUALE GRANDE STATO ARRIVO.

A C

6. *Ascolta cosa racconta Marco Polo a Rustichello da Pisa mentre è nelle prigioni di Genova. Guarda le immagini per seguire meglio il racconto.* Confrontatevi.

7
Q2
Q7

Modulo 1 Unità 5

A b

7. 🙂🙂 *Riascoltate il dialogo, scegliete le sette frasi vere e scoprite il nome del Paese a cui oggi appartiene il Monte Ararat.*

● 7

- **i** Marco Polo parte da solo per un lungo viaggio nel 1271.
- **t** Marco Polo parte con suo padre e suo zio per un lungo viaggio nel 1271.
- **u** Marco Polo salpa da Venezia su un grande veliero.
- **n** Marco Polo salpa da Venezia su una nave con motori potenti.
- **r** Marco Polo non era mai stato in Cina.
- **a** Marco Polo era già stato in Cina.
- **c** Niccolò Polo e Matteo avevano promesso a Kublai Kahn l'olio del Sacro Sepolcro.
- **l** Marco Polo e Matteo avevano promesso a Kublai Kahn un po' di petrolio.
- **o** La prima tappa è Layas, alle porte dell'Asia.
- **h** La prima tappa è Acri, alle porte di Gerusalemme.
- **i** Niccolò e Matteo, da veri mercanti, comprano e vendono di tutto.
- **s** Marco Polo, da vero mercante, vende anche il suo cavallo.
- **a** Al centro dell'Armenia c'è il Monte Ararat.
- **q** Il Monte Ararat è a due chilometri da Acri.

C

8. 🙂🙂 *Nel dialogo dell'attività 6 Marco Polo parla di una fontana d'olio. Di quale olio si tratta? Dite a cosa serviva a quel tempo e a cosa serve ai giorni nostri, come nell'esempio.*

UNA VOLTA L'OLIO SERVIVA PER...   ADESSO SERVE PER...

- ILLUMINARE CON LAMPADE A PETROLIO
- ACCENDERE IL FUOCO 
- PRODURRE OGGETTI IN PLASTICA 
- UNGERE I CAMMELLI CONTRO LA ROGNA 
- RICAVARE LA BENZINA 
- FAR FUNZIONARE I TERMOSIFONI 
- PRODURRE BORSE DI PLASTICA 
- PRODURRE ATTREZZATURE MEDICHE E INVOLUCRO PER MEDICINALI 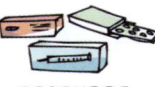
- ASFALTARE LE STRADE 
- ACCENDERE LA MICCIA DEI CANNONI 
- INFUOCARE LA PUNTA DELLE FRECCE

Modulo 1 Unità 5

L S

9. *Ognuno sceglie una delle tre parti (A, B, C) del racconto del viaggio di Marco Polo, la legge e prende appunti su un foglio. Poi, in sequenza, ognuno racconta la parte scelta ai compagni.*

A
Sulle sponde del Tigri si trova Mosul, città abitata da popolazioni diverse. Tutte le vesti di seta e d'oro, chiamate mussoline, sono tessute in questa terra. Qui si trovano dei ricchissimi mercanti che commerciano enormi quantità di spezie tra le più rare e preziose per l'Occidente.

B
Nell'impero mongolo il viaggio diventa pericoloso. Fortunatamente le "piastre del comando", le piastre d'oro, che Kublai Kahn aveva donato a mio padre e a mio zio durante il loro primo viaggio, ci proteggono in tutto il regno della Mongolia. I Mongoli abitano in grandi tende rotonde, ricoperte di feltro, che chiamano yurte.

C
Arriviamo nella città di Camadi: le mura sono alte per proteggere gli abitanti dai briganti che fanno scorrerie nel paese. Anche noi veniamo attaccati da una banda di feroci briganti. Per fortuna riusciamo a fuggire.

Modulo 1 Unità 5

10. *Prendete un dado e due pedine. Tirate il dado e completate le frasi corrispondenti ai numeri o eseguite le indicazioni. Chi sbaglia sta fermo un turno.*

CHI VA PIANO VA SANO E LONTANO

BRAVO! GIUSTO!

NO. È SBAGLIATO! ANDIAMO A CONTROLLARE

PARTENZA — ARRIVO

1. Marco Polo parte con un...
2. Il viaggio di Marco diventa pericoloso quando...
3. Le yurte sono...
4. Fermati un giro con Niccolò e Matteo per comprare dei cavalli.
5. Le mura di Camadi sono alte per...
6. Torna alla partenza a prendere una carta astronomica.
7. Il petrolio attualmente serve per...
8. Fermati un giro a ungere i cammelli con l'olio della fontana ai piedi del Monte Ararat.
9. Il Monte Ararat adesso appartiene...
10. Fermati un giro a prendere l'olio santo di Gerusalemme per Kublai Kahn.
11. Il petrolio una volta serviva per...
12. Le mussoline sono...
13. Fermati un giro a comperare le spezie a Mosul.
14. Il petrolio ai nostri tempi serve anche per...
15. Acri è la prima...
16. Fermati un giro per nascondere l'olio santo dai feroci briganti.
17. Mosul si trova sulle sponde...
18. Marco Polo detta le sue memorie a...
19. Si dice che l'arca di Noè sia...
20. Fermati un giro per riposarti.

quarantanove

Modulo 1 Unità 5

A C

11. *Ascolta come si è concluso il viaggio di Marco Polo.* 😊😊 *Confrontatevi.*

a Presente storico
2

S C

12. Riascolta il testo dell'attività 11 e rispondi alle domande. 😊😊 Confrontatevi.

- Quali lingue ha imparato Marco Polo?
- A che cosa gli sono servite?
- Quali lingue conosci tu?
- A che cosa ti servono?

S

13. *Parti da Roma per un viaggio attraverso l'Europa. Le tappe principali sono Verona, Vienna, Parigi, Londra. Elenca su un foglio i mezzi di trasporto che usi e quali monumenti puoi visitare.*

INGHILTERRA
Londra
Il Big Ben — Il Ponte sul Tamigi

Parigi
La Torre Eiffel — L'Arco di Trionfo
FRANCIA

La Casa degli artisti dello Jugendstil — Il Duomo di S. Stefano
Vienna
AUSTRIA

Verona
L'Arena — Il Balcone di Giulietta e Romeo
ITALIA

Il Colosseo — Piazza San Pietro
Roma

50
cinquanta

Modulo 1 **Unità 5**

L

14. Sai che cosa vuol dire? Leggi alcune battute del dialogo dell'attività 11.

> *Marco Polo:* Ci ho impiegato più di tre anni a fare tutto il viaggio.
> *Rustichello:* **Chi va piano, va sano e lontano,** eh?
> *Marco Polo:* Certo, e finalmente arriviamo alla corte di Kublai Khan...

" Chi va piano va sano e lontano" in questo caso vuol dire:

COME MI FA BENE VIAGGIARE!

MEGLIO ANDARE PIANO, COSÌ SONO SICURA DI ARRIVARE LONTANO.

DEVO FARE ALMENO TRECENTO KM AL GIORNO!

Quando uno viaggia è sano.

Se viaggio piano, arrivo lontano e sano.

In un viaggio bisogna andare lontano.

R

15. Che cosa hai imparato?

Q15

IO SO...

Modulo 1 Unità 5

ITALIA Lo sai che...

Map labels: Bolzano, Trento, Verona, Adige, ALPI, Monviso, Po, PIANURA PADANA, VALLI DI COMACCHIO, MAR ADRIATICO, Arno, Firenze, APPENNINI, Tevere, MAR TIRRENO, Roma, MAR IONIO

I fiumi d'Italia

L'Italia ha diversi fiumi che scendono dalle Alpi e dagli Appennini. Il fiume più lungo d'Italia è il Po (652 km) che nasce dal Monviso in Piemonte. Il Po attraversa una pianura molto fertile, la Pianura Padana. Poi sfocia nel Mar Mediterraneo formando un delta. Nel delta del Po ci sono le Valli di Comacchio, dove vengono allevate le anguille. Un altro fiume importante è l'Adige che attraversa le città di Bolzano, Trento e Verona e sfocia nel Mar Adriatico. Tra i fiumi che scendono dagli Appennini ci sono l'Arno che attraversa la città di Firenze e il Tevere che passa attraverso la città di Roma.

Il delta del Po

L'anguilla

Grammatica

Modulo 1 Unità 5

1. Preposizioni *in, con, di*

in e *con* (per indicare i mezzi di trasporto che si prendono)	*di* (per indicare di che materiale è fatto un oggetto)
andare **in** aereo/**con** l'aereo andare **in** treno/**con** il treno andare **in** nave/**con** la nave andare **in** automobile/**con** l'automobile andare **in** autobus/**con** l'autobus	lo zaino **di** stoffa la giacca a vento **di** goretex i maglioni **di** lana le magliette **di** cotone il portafoglio **di** pelle

2. Presente storico

Per raccontare fatti storici, avvenuti tanto tempo fa, o vite di personaggi famosi si usa spesso il **presente dei verbi** che viene chiamato **presente storico**.

Presente dei verbi in *-are*, *-ere*, *-ire*

	lavor-are	*ved-ere*	*part-ire*
Io	lavor**o**	ved**o**	part**o**
Tu	lavor**i**	ved**i**	part**i**
Lei/Lui	lavor**a**	ved**e**	part**e**
Noi	lavor**iamo**	ved**iamo**	part**iamo**
Voi	lavor**ate**	ved**ete**	part**ite**
Loro	lavor**ano**	ved**ono**	part**ono**

Presente di alcuni verbi irregolari

	andare	*fare*	*uscire*	*stare*
Io	vado	faccio	esco	sto
Tu	vai	fai	esci	stai
Lei/Lui	va	fa	esce	sta
Noi	andiamo	facciamo	usciamo	stiamo
Voi	andate	fate	uscite	state
Loro	vanno	fanno	escono	stanno

Modulo 2 Unità 1

Avere una fame da lupi

IMPARO A FARE RICHIESTE E DARE INDICAZIONI AD ADULTI CHE NON CONOSCO.

1. Leggi i fumetti e osserva le immagini. Scrivi su un foglio il numero e la lettera corrispondente e scopri la parola nascosta. Confrontatevi.

1. PRENDI LO SCIROPPO! COSÌ TI PASSA IL RAFFREDDORE!

2. SI ACCOMODI AL LAVAGGIO. LA NUOVA APPRENDISTA LE LAVERÀ SUBITO I CAPELLI!

3. ENTRA PURE, IL CAMPO È LIBERO!

4. L'AGGIUSTO SUBITO, MA LA PROSSIMA VOLTA STIA PIÙ ATTENTO!

5. SEDETEVI PURE AL TAVOLO 5 E ATTENDETE IL CAMERIERE!

l

l

a

p ETCI'!

a

Modulo 2 Unità 1

2. Rileggi i fumetti dell'attività 1 e annota su un foglio i verbi con cui vengono date indicazioni a una persona adulta o/e a un ragazzo. 😊 Confrontatevi.

3. Abbina la situazione alla richiesta, come nell'esempio e scrivi gli abbinamenti su un foglio. 😊😊 Confrontatevi.

a Imperativo formale (Lei)

Situazione

1. Al campo sportivo, un allenatore a un ragazzo:
2. All'entrata di una discoteca, la cassiera a dei ragazzi:
3. In un'officina meccanica, il meccanico a un adulto:
4. In un negozio sportivo, il commesso a un adulto:
5. In un negozio di elettronica, il commesso a una signora:
6. In una sala giochi, un signore a una cassiera:
7. Davanti a un computer, un ragazzo a un adulto che conosce poco:
8. In palestra, un ragazzo a un altro ragazzo:

Richiesta

A. Va' a correre su quella pedana, per favore, ma non stancarti subito!

B. Mi dia alcuni gettoni, per favore!

C. Si metta questa giacca a vento e provi anche questo maglione, per favore!

D. Allunga il passo, se vuoi correre più velocemente!

E. Compri questo videogioco, Suo figlio sarà contento!

F. Per entrare in facebook prema questo tasto, poi scelga il profilo!

G. Datemi la mano che vi faccio il timbro!

H. La prossima volta controlli la spia della benzina!

Modulo 2 Unità 1

s c

4. *Leggete le varie situazioni. Scrivete i dialoghi su un foglio e poi interpretateli.*

Situazione 1

A (Ragazza)
Chiedi dov'è un negozio di elettronica.
B (Ragazzo)
Rispondi che l'unico negozio è molto lontano e che è meglio prendere l'autobus. Indica dove è la fermata dell'autobus.

Situazione 2

A (Signore)
Chiedi qual è l'orario della biblioteca.
B (Signora)
Rispondi che la biblioteca è aperta tutti i giorni, tranne il sabato e la domenica, dalle 9 alle 19.00.

Situazione 3

A (Ragazzo)
Chiedi dov'è il concerto del tuo cantante preferito.
B (Ragazzo)
Di' che è allo stadio e offriti di accompagnarlo.

Situazione 4

A (Ragazza)
In un ufficio turistico di Verona chiedi l'orario degli autobus per l'Arena.
B (Signore)
Rispondi che gli autobus partono ogni 10 minuti dalle 8.00 alle 19.00 e che la fermata è proprio davanti all'ufficio.

A C

5. Ascolta i dialoghi. Scegli nella lista i luoghi in cui si svolgono e leggi la parola nascosta.

● 9
Q12
Q16

- **s** per la strada
- **m** al supermercato 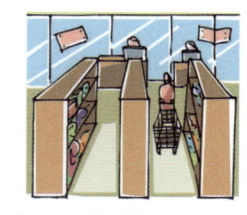
- **c** in farmacia 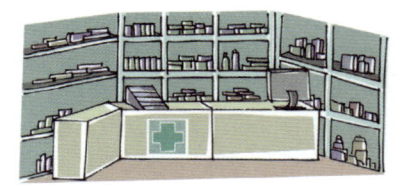
- **o** al campo sportivo 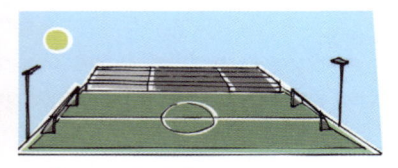
- **i** davanti allo stadio 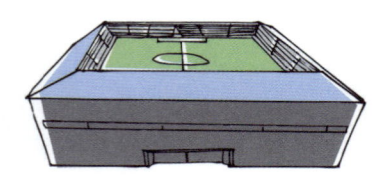
- **t** in un negozio di apparecchi telefonici 
- **t** dalla vicina di casa 
- **p** in gelateria 
- **à** al museo

Modulo 2 Unità 1

6. *Prendete un dado e due pedine e fate il gioco dell'oca.*

PARTENZA

1. Sei un farmacista e consigli a un signore di prendere lo sciroppo.

2. Sei un ragazzo e dici a un signore che non sai dov'è il campo sportivo.

3. Sei una ragazza e chiedi a una vicina di casa gli ingredienti di una buonissima torta.

4. Hai mangiato troppa torta, hai mal di pancia e resti a casa per un giro.

5. Sei un allenatore e dici a un ragazzino di entrare nel campo sportivo.

6. Sei il commesso di un negozio di scarpe e dici a un signore di togliersi le scarpe per provare quelle nuove.

7. Sei una mamma che ordina a un bambino di prendere uno sciroppo.

8. Sei in gelateria e chiedi alla cameriera di darti un gelato alla fragola e al limone.

9. Hai rotto la bici, ti fermi per un giro per portarla dal meccanico.

10. Sei al museo e chiedi alla sorvegliante di indicarti dove ci sono i resti dei dinosauri.

11. Sei un tifoso in fila alla cassa dello stadio e dici a un altro signore di stare calmo e di non spingere.

12. Sei all'ospedale e chiedi a un'infermiera di aiutarti perché hai molto male a una gamba.

13. Sei un commesso di un negozio di prodotti elettronici e consigli una signora di comprare un telefonino in offerta speciale.

14. Hai dimenticato a casa il biglietto per il concerto, ti fermi per un giro per tornare a prenderlo.

15. Sei uno studente e chiedi al professore di correggerti il compito.

16. ARRIVO

Modulo 2 Unità 1

7. *Osservate i luoghi nelle fotografie e per ognuno fate richieste e rispondete, come nell'esempio.*

MI DICA, PER FAVORE, QUANTO COSTA IL BIGLIETTO PER IL CONCERTO ALL'ARENA DI VERONA?

COSTA CINQUANTA EURO.

L'arena di Verona

La palestra

La piscina

La biblioteca

Il museo

Parole per... fare richieste

mi dia, per favore
mi dica, per favore
mi indichi, per favore
mi spieghi, per favore
mi legga, per favore
mi consegni, per favore
mi scriva, per favore
mi detti, per favore

Parole per... cose su cui fare richieste

il biglietto d'entrata
il biglietto per il concerto
il periodo di prestito dei libri
il costo di un corso di nuoto
l'abbonamento mensile
il regolamento della piscina
l'orario della biblioteca
l'orario di apertura

Modulo 2 Unità 1

A C

8. Ascoltate il dialogo e dite quali locali vengono nominati.

A S

9. Riascolta il dialogo e prendi appunti su un foglio sulle battute dei personaggi.

C

10. Con l'aiuto degli appunti dell'attività 9 recitate la scenetta.

L

11. Leggi una pagina del diario di uno dei turisti e trova l'illustrazione dei prodotti in vendita nel locale.

Preposizioni semplici e preposizioni articolate

Oggi, giornata positiva. Siamo entrati nella paninoteca che ci ha indicato una signora. Avevamo davvero una fame da lupi! C'era un bancone pieno di pizze di ogni genere, di focacce, di arancini di riso e di tramezzini, di varie insalate e di verdure sott'olio. Mentre Rosa chiedeva al commesso di scaldare le nostre focacce io mi sono messo in fila alla cassa. Ho ordinato quattro focacce al rosmarino e un'acqua minerale. Appena il commesso le ha messe sul bancone, ci siamo guardati attorno e abbiamo visto un tavolino libero. Abbiamo subito appoggiato tutto sul tavolino e... ci siamo messi a mangiare. "Buono!" ha detto Rosa, "Ci voleva proprio!" ho aggiunto io con la bocca piena di quel pane all'olio saporitissimo.

1   2   3   4

P

12. Elencate a turno che cosa hanno fatto i turisti nella paninoteca descritta nell'attività 11.

Modulo 2 Unità 1

S

13. Scegli una delle immagini dell'attività 11 e scrivi su un foglio degli appunti per descriverla.

Parole per ... descrivere

cibi		modalità di cottura	gusto
il pollo	l'arancino di riso	al forno	delicato
la bistecca	il tramezzino	fritto	saporito
la pizza	l'insalata	al vapore	squisito
il pesce	la frutta	lesso	dolce
la pastasciutta	la verdura	arrosto	salato
la focaccia	il panino	bollito	piccante

P

14. Descrivete a turno l'illustrazione scelta nell'attività 13.

S **L**

15. Scrivi su un foglio quello che fai quando hai molta fame. Scambiatevi i fogli e leggete.

L

16. Sai che cosa vuol dire? Leggi la battuta del dialogo dell'attività 9.

Signora: Qui attorno non ci sono né trattorie né ristoranti. Ci sarebbe però una paninoteca, dove vendono focacce, pizzette, tramezzini e bibite.
Signore: Va bene, basta che sia qui vicino, mia moglie ed io **abbiamo una fame da lupi!**

"Avere una fame da lupi" in questo caso vuol dire:

Essere un lupo e avere fame. — *Essere molto affamati.* — *Incontrare un lupo affamato.*

R

17. Che cosa hai imparato?

IO SO...

Q26

Modulo 2 Unità 1

ITALIA Lo sai che...

La coltivazione dell'ulivo
L'Italia produce molto olio di ottima qualità che si ricava dalle olive: i frutti dell'ulivo.
Gli ulivi crescono nel clima mediterraneo, che caratterizza gran parte della penisola. Le olive si raccolgono nel tardo autunno.
I rami d'ulivo sono simbolo di pace. L'ulivo appare in molti dipinti di pittori italiani perché è una pianta tipica del paesaggio mediterraneo italiano.

Gli ulivi

Le olive

Modulo 2 Unità 1

Grammatic@

1. Imperativo formale (Lei)

	scusare	prendere	sentire
Tu (informale)	scusa	prendi	senti
Lei (formale)	scusi	prenda	senta

	essere	avere	andare	dare	dire	fare	stare
Tu (informale)	sii	abbi	va'/vai	da'/dai	di'	fa'/fai	sta'/stai
Lei (formale)	sia	abbia	vada	dia	dica	faccia	stia

Imperativo formale con i verbi riflessivi

	alzarsi	muoversi	vestirsi
Tu (informale)	alzati	muoviti	vestiti
Lei (formale)	si alzi	si muova	si vesta

Imperativo formale negativo

	scusare	prendere	sentire
Tu (informale)	non scusare	non prendere	non sentire
Lei (formale)	non scusi	non prenda	non senta

2. Preposizioni semplici e preposizioni articolate

Preposizioni semplici

di	a	da	in	con	su	per	fra/tra

Preposizioni articolate

+	il	lo	l'	i	gli	la	le
di	del	dello	dell'	dei	degli	della	delle
a	al	allo	all'	ai	agli	alla	alle
da	dal	dallo	dall'	dai	dagli	dalla	dalle
in	nel	nello	nell'	nei	negli	nella	nelle
su	sul	sullo	sull'	sui	sugli	sulla	sulle

Attenzione!

Le preposizioni articolate si formano dall'unione di alcune preposizioni semplici con gli articoli determinativi.

Modulo 2 Unità 2

Pesare le parole

IMPARO A LEGGERE E A COSTRUIRE MESSAGGI PUBBLICITARI.

1. *Osservate la pubblicità. Dite a chi è rivolta e qual è il messaggio.*

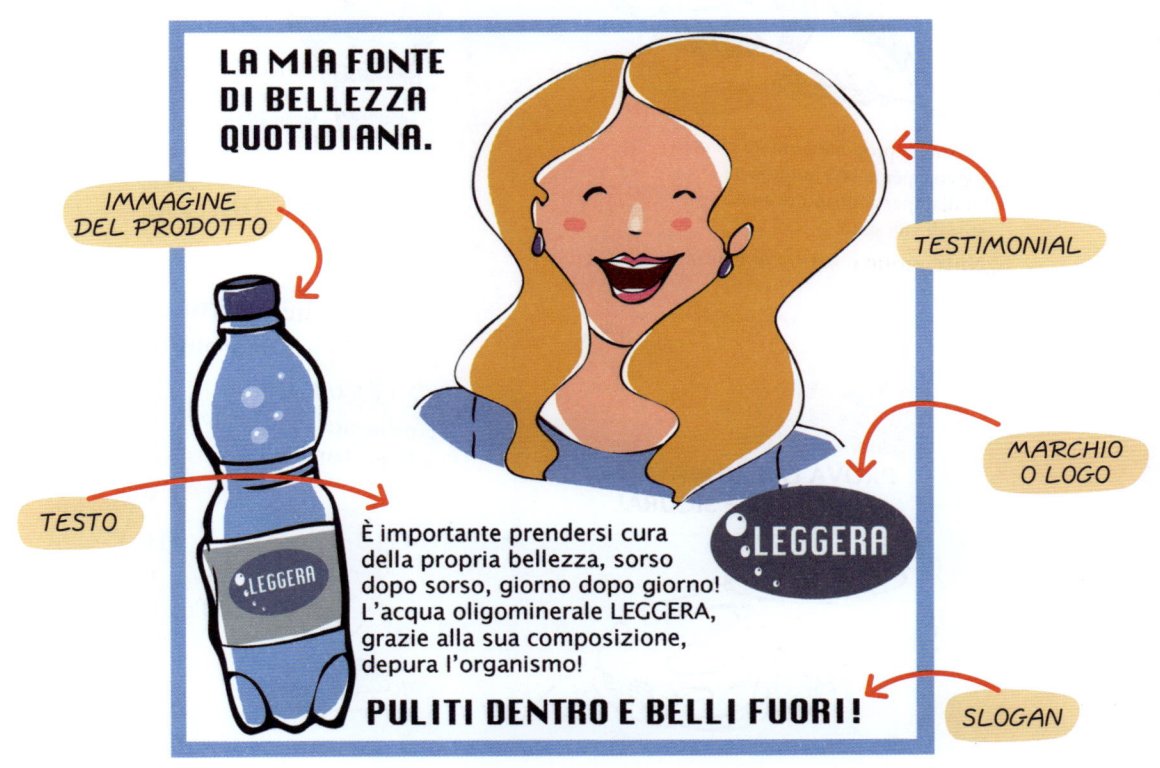

LA MIA FONTE DI BELLEZZA QUOTIDIANA.

- IMMAGINE DEL PRODOTTO
- TESTIMONIAL
- TESTO
- MARCHIO O LOGO
- LEGGERA

È importante prendersi cura della propria bellezza, sorso dopo sorso, giorno dopo giorno! L'acqua oligominerale LEGGERA, grazie alla sua composizione, depura l'organismo!

PULITI DENTRO E BELLI FUORI!

- SLOGAN

2. *Leggi il testo e scrivi cinque caratteristiche della pubblicità. Confrontatevi.*

La pubblicità è una forma di comunicazione. Attira l'attenzione del pubblico su un prodotto per aumentare le vendite.
Il messaggio pubblicitario *"pesa le parole"*, usa cioè le parole in modo creativo e attento. Deve convincere le persone e attirare così la loro attenzione. Nella pubblicità le persone sono quasi sempre giovani, magre e belle, le case sono lussuose, ordinate e spaziose.

ZERO GRASSI

LATTE SCREMATO

PROVALO!

Modulo 2 Unità 2

c

3. Scegliete una delle pubblicità e analizzatela. Seguite lo schema.

si rivolge a... trasmette messaggi di... promette risultati... per convincere usa...

Il benessere e la gioia del mangiare bene...
Di Buono propone prodotti sicuri e golosi per la vita quotidiana, studiati per contribuire a uno stile di vita sano!
Nutrizione e salute sempre!
PASTA Di Buono

SEMPRE CON TE PER SPACCARE IL MINUTO
Gli orologi CHRONOSTAR propongono un design d'avanguardia e sono da sempre legati alle imprese sportive più estreme. Il nostro motto è la...
PRECISIONE ASSOLUTA
CHRONO STAR

GRINTA
PROVA LA NUOVA GRINTA, VELOCE E SICURA!

Il vestire che diverte!
Dove c'è un bambino c'è *Bamby*!
Finalmente un marchio solo per bambini!
Bamby

Parole per... analizzare una pubblicità

Si rivolge a...	Promette risultati...	Trasmette messaggi di...
persone anziane	sicuri	alimentazione sana
bambini	efficaci	felicità
giovani	veloci	corpo perfetto
adulti	immediati	intelligenza
persone grasse		eleganza
persone magre	**Per convincere usa...**	forza
persone agitate	persone	comodità
persone tranquille	colori	vita lunga
	scritte	
	simboli	

c **s**

4. Create una pubblicità per promuovere una vita sana. Presentatela alla classe.

Modulo 2 Unità 2

A C

5. *Ascolta le presentazioni e osserva le pubblicità. Al numero di ogni pubblicità abbina la lettera della persona descritta e scopri la parola nascosta.* *Confrontatevi e motivate le scelte.*

- **c** Nino, studente, 16 anni
- **r** Carletto, 8 anni, terza elementare
- **a** Gina, 47 anni, segretaria
- **m** Antonio Roberti, 32 anni, idraulico
- **o** Cesare Bartoletti, dirigente d'azienda, 65 anni
- **p** La dottoressa Felicita Albrighi, 41 anni, funzionario provinciale

1 E' arrivato il nuovo REALPLAY2, corri a provarlo!

2 ATELIERUOMO — Abiti classici per l'uomo sempre elegante!

3 SKIBOOT — Sciare non è mai stato così comodo!

4 BIOFARM — Il mangiar sano dall'orto, tutto biologico!

5 DAYDREAM — Colleziona le nuove serie di cartoni animati per i tuoi bambini!

6 A casa di Lisa — Non perdere i nuovi episodi della tua serie tv preferita! Tutta l'emozione a casa tua!

P

6. *Scegli almeno cinque oggetti tra quelli che hai nello zainetto.* *A turno, pubblicizzate un oggetto alla volta e replicate, come nell'esempio.*

a1 Gradi dell'aggettivo: comparativo di maggioranza, di minoranza e di uguaglianza

> IL MIO ASTUCCIO È IL PIÙ ECOLOGICO DI TUTTI. È IN COTONE.

> IL MIO PANINO È BUONISSIMO! L'HO COMPRATO DA GINO. HA LA MAIONESE E UN HAMBURGER.

Modulo 2 Unità 2

7. Leggi l'articolo di giornale e cerca di capire quale significato viene dato alle parole **evidenziate**. Confrontatevi e controllate con il vocabolario.

INCREDIBILI RISULTATI DI UNA RICERCA!

Il messaggio passa inosservato
Indigestione di messaggi pubblicitari nella televisione italiana. Il **bombardamento** pubblicitario è tale che solo un messaggio su dieci viene memorizzato, gli altri nove si dimenticano. È il risultato di uno studio condotto da un gruppo di psicologi sui messaggi pubblicitari trasmessi ogni giorno dalla televisione italiana. Secondo gli esperti si ricorda solo una minima parte di quanto si vede. Si ritiene che su 50 messaggi se ne ricordino solo 5, ma pare che i messaggi tornino in mente proprio nel momento dell'acquisto.

8. Rileggete il testo dell'attività 7. Scrivete su un foglio cinque domande.

9. A turno fate le domande scritte nell'attività 8.

10. Nella pubblicità si usano molte parole di origine straniera. Abbina le parole al loro significato e scopri la parola nascosta.

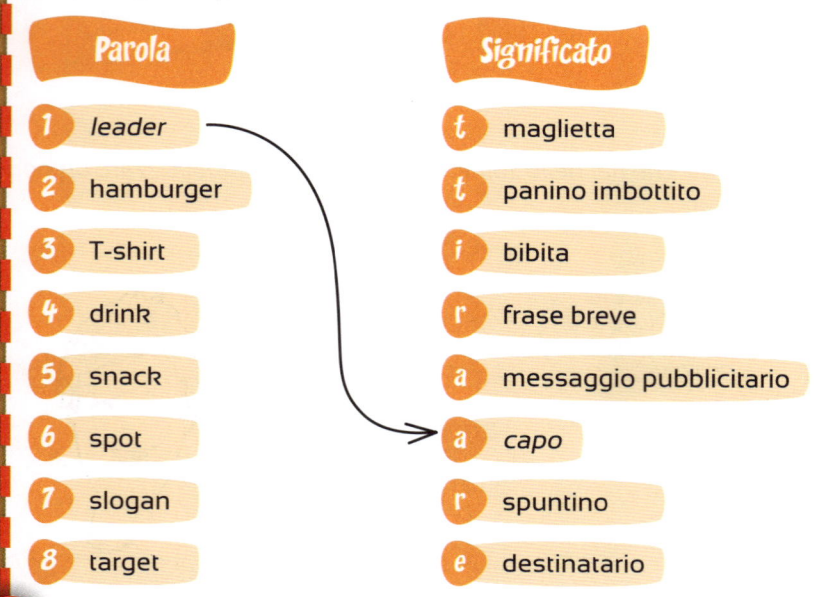

Parola		Significato
1	leader	*t* maglietta
2	hamburger	*t* panino imbottito
3	T-shirt	*i* bibita
4	drink	*r* frase breve
5	snack	*a* messaggio pubblicitario
6	spot	*a* capo
7	slogan	*r* spuntino
8	target	*e* destinatario

Modulo 2 Unità 2

11. *Leggi il testo e scrivi su un foglio le parole straniere.*

Gli hobby di Gigi, il barman

Gigi ha 24 anni, frequenta l'università e durante il week-end fa il barman nel bar di un grande hotel nel centro della città. Gigi e la sua famiglia vivono in periferia, proprio vicino al campo da basket al di là del lago. Ogni sabato pomeriggio Gigi si toglie i blue-jeans e la T-shirt, che indossa abitualmente, e si mette uno smoking per andare al lavoro. Il viaggio è piuttosto lungo. Al porto del lago ci arriva con la sua mountain bike, poi prende il ferry-boat per una traversata che dura circa mezz'ora. Per passare il tempo si porta sempre dietro il suo laptop per studiare o per giocare. Per arrivare all'hotel deve prendere prima il pullman e poi due autobus, a meno che non sia una giornata fortunata e non incontri il suo amico Carlo, che gli dà un passaggio con la sua vecchia jeep. Quando incontra Carlo, Gigi arriva all'hotel in tempi da record e allora può fermarsi nella hall a guardare un po' di televisione. Quello che preferisce in tv è il basket, ma spesso si deve accontentare di qualche vecchio film di cui non riesce a vedere la fine. Poi si mette al lavoro: prepara e serve i primi drink a eleganti clienti in giacche di tweed. Lascia il laptop sotto il bancone della reception; gli farà compagnia sulla strada del ritorno.

12. *Rileggete a turno il testo dell'attività 11. Sostituite le parole di origine straniera con quelle corrispondenti in lingua italiana.*

Modulo 2 Unità 2

S P

13. Con le istruzioni della lista create una pagina pubblicitaria da inserire in un giornale. Presentatela alla classe.

Q15
Q17

Istruzioni

1. scegliete un prodotto
2. decidete a chi volete rivolgervi
3. inventate uno slogan
4. scegliete un'immagine
5. scrivete un breve testo
6. scegliete un marchio
7. inserite l'immagine del prodotto
8. provate la presentazione

L

14. Sai che cosa vuol dire? Rileggi una parte del testo dell'attività 2.

Il messaggio pubblicitario "pesa le parole", usa cioè le parole in modo creativo e attento.

"Pesare le parole" in questo caso vuol dire:

Mettere le parole su una bilancia.

1500 parole per pagina!
Contare le parole di un libro.

PER VENDERE I MIEI FUMETTI DEVO USARE LE PAROLE GIUSTE!
Fare molta attenzione alle parole che si usano.

R

15. Che cosa hai imparato?

Q18

IO SO...

Modulo 2 Unità 2

ITALIA Lo sai che...

La coltivazione degli agrumi
In molte regioni italiane è diffusa la coltivazione degli agrumi: limoni, aranci, mandarini, bergamotti e chinotti. Gli agrumi sono piante sempreverdi tipiche del clima mediterraneo. Sono in fiore tutto l'anno. I frutti hanno una buccia dal profumo gradevole e vengono consumati in vari modi: come frutta, come bevande dissetanti, come aromi in cucina, nella produzione di dolci, gelati e liquori. Il bergamotto viene usato per la produzione del profumo e dell'olio essenziale.

Il mandarino

Il bergamotto

Il chinotto

L'arancia

Il limone

Modulo 2 Unità 2

Grammatic@

1. Gradi dell'aggettivo: comparativo di maggioranza, di minoranza e di uguaglianza

	aggettivi		
	moderno	**lucido**	**pesante**
comparativo di maggioranza	più moderno	più lucido	più pesante
comparativo di minoranza	meno moderno	meno lucido	meno pesante
comparativo di uguaglianza	moderno come	lucido come	pesante come

Modulo 2 Unità 3

Buttarsi a pesce

IMPARO A PARLARE DI COME SARÀ LA VITA FUTURA.

C

1. Osservate l'illustrazione e dite in quale luogo si trovano i ragazzi.

A C

2. Ascoltate: avete indovinato?

• 12

A

3. Riascolta il dialogo dell'attività 2, metti in sequenza le illustrazioni e scopri la parola nascosta.
Confrontatevi.

• 12

n   m   i

i   r   i

71
settantuno

Modulo 2 Unità 3

4. Scrivi su un foglio tre frasi vere e tre false relative alle immagini dell'attività 3. A turno leggetele e dite se sono vere o false.

a Futuro anteriore
1

5. Osservate le illustrazioni, ponete domande e rispondete a turno, come nell'esempio.

ANDARE AL CINEMA

ANDARE IN MONTAGNA

ANDARE IN PISCINA

PASSEGGIARE NEL PARCO

FARE I COMPITI

COMPRARE UN VESTITO

GIOCARE A TENNIS

GIOCARE A PALLAVOLO

COSA FARAI DOMANI?

ALLE 17:00 ANDRÒ AL CINEMA. E TU COSA FARAI?

QUANDO AVRÒ FATTO I COMPITI, ANDRÒ IN PISCINA!

Modulo 2 Unità 3

6. *Alternatevi nelle domande e rispondete.*

A Cosa farai stasera dopo che ti sarai allenato/a?

B Cosa farà il papà domani mattina dopo che avrà bevuto il suo caffè?

C Dove giocheranno i tuoi compagni dopo che avranno vinto l'ultima partita?

D A cosa giocheranno dopo che si saranno riscaldati?

E Cosa faranno i tuoi amici sabato sera quando avranno avuto il permesso di uscire?

F Cosa mangerai la prossima volta al ristorante dopo che avrai preso l'aperitivo?

G Cosa farai domani durante l'ora di ginnastica dopo che avrai salutato l'insegnante?

H Come passerai le vacanze di Natale il prossimo anno dopo che avrai finito le lezioni?

I Cosa porterà con sé il tuo compagno quando andrà in vacanza al mare dopo che avrà comprato le pinne?

L Cosa berrete stasera a cena dopo che vi sarete seduti a tavola?

M Dove comprerai le scarpe dopo che avrai guardato tutte le vetrine della città?

7. *Raccontate a turno almeno dieci cose che farete questo pomeriggio, come nell'esempio.*

ALLE 15, APPENA SARÀ ARRIVATO FRANCESCO, USCIRÒ CON LUI.

IO INVECE A QUELL'ORA AVRÒ FATTO GIÀ UNA PARTITA DI PALLAVOLO E TORNERÒ A CASA.

Modulo 2 Unità 3

L C

8. Leggi l'oroscopo. A quale dei tuoi compagni potrebbe essere rivolto? Confrontatevi e motivate le vostre scelte.

Quest'anno la fortuna ti sorriderà e ogni tuo piccolo desiderio si avvererà. In amore non incontrerai la persona giusta, ma farai nuove amicizie. Per quanto riguarda la salute non mancheranno piccoli raffreddori, ma non sarà niente di preoccupante: tutto passerà con un po' di riposo. A scuola mostrerai a tutti le tue capacità dopo che ti sarai impegnato molto. Dopo potrai essere fiero di te e rilassarti sotto il sole.

S C

9. Inventa l'oroscopo del tuo segno zodiacale per i prossimi giorni. Scrivilo al futuro. Confrontatevi.

C S

10. Scegliete almeno tre argomenti della lista e dite come sarà la situazione fra 10 anni, come nell'esempio. Prendete appunti.

- la tecnologia (telefonia, TV, PC) ✓
- il tuo paese, la tua città
- il clima
- i mezzi di trasporto
- l'abbigliamento
- lo sport
- il tempo libero
- il lavoro
- la scuola

COME SARÀ LA SITUAZIONE DELLA TECNOLOGIA FRA DIECI ANNI?

TUTTI AVREMO UN SOLO APPARECCHIO CHE SARÀ NELLO STESSO TEMPO TV, TELEFONO E COMPUTER!

Modulo 2 Unità 3

11. Con gli appunti presi nell'attività 10 scrivi su un foglio un breve testo su uno degli argomenti scelti. Segui lo schema.

Q12

- introduzione dell'argomento: di che cosa parlo.
- situazione di oggi
- cambiamenti futuri
- conclusioni personali

12. Uno scienziato pensa a una relazione sulle tecnologie. Leggi le sue idee e scrivi su un foglio le varie proposte per i tre argomenti: la TV, i telefoni, i videogiochi. Confrontatevi.

- I TELEVISORI SARANNO PIÙ SOTTILI.
- SI POTRÀ FARE UNA VIDEOTELEFONATA.
- I CANALI SATELLITARI SARANNO TUTTI IN DIGITALE.
- NEI VIDEOGIOCHI SI POTRANNO USARE LE FOTO DELLE PERSONE.
- CI SARANNO PIÙ CANALI SATELLITARI.
- SI POTRANNO ACCENDERE E SPEGNERE I TELEVISORI CON UN COMANDO VOCALE.
- LA TV SI GUARDERÀ IN TUTTI I PAESI E IN TUTTI GLI ANGOLI DEL MONDO CI SARÀ UN TELEVISORE.
- NON CI SARANNO PIÙ TELEVISORI COME ORA, MA SI GUARDERÀ LA TV SUL CELLULARE.
- SI GUARDERÀ LA TV CON DEGLI OCCHIALI SPECIALI.
- SI POTRÀ TELEFONARE CON LA TV E CI SARÀ ISTALLATA ANCHE UNA VIDEOCAMERA.
- SI GUARDERÀ LA TV SU UN OROLOGIO.
- GUARDARE LA TV COSTERÀ DI PIÙ.
- I TELEVISORI DIVENTERANNO PIÙ POTENTI.
- SI POTRANNO COMPRARE PIÙ ACCESSORI PER LA TV.
- I VIDEOGIOCHI DIVENTERANNO PIÙ MODERNI E PIÙ DIFFICILI.
- I TELEVISORI DIVENTERANNO SEMPRE PIÙ PICCOLI E PIÙ LEGGERI.

Modulo 2 Unità 3

C

13. *Confrontate le proposte dello scienziato, raccolte nell'attività 13. Modificatene almeno tre, come nell'esempio.*

> MODIFICO LA PROPOSTA DELLO SCIENZIATO SULLA TV PERCHÉ SECONDO ME SUCCEDERÀ CHE…

C

14. *A turno uno legge la domanda e l'altro risponde, come nell'esempio. Potete dare diverse risposte.*

Q13

> COSA FAREMO QUANDO AVRANNO COSTRUITO TELEVISORI LEGGERISSIMI E A BUON PREZZO?

> LI PORTEREMO NEGLI ZAINETTI E LI REGALEREMO AGLI AMICI!

Cosa faranno le persone se l'inquinamento avrà cambiato il clima?

Cosa faranno gli automobilisti se i mezzi di trasporto saranno diventati tutti elettrici?

Cosa faranno le industrie tessili se l'abbigliamento sarà fatto tutto in materiale indistruttibile?

Cosa faranno i cittadini quando sarà sparito il verde nelle città?

Cosa faranno le persone se sarà dato loro molto tempo libero?

Cosa faranno i lavoratori quando il lavoro sarà fatto a casa?

Cosa faranno i ragazzi quando saranno chiuse le scuole e le lezioni si seguiranno da casa?

Cosa faranno gli esseri umani se l'aria nelle città sarà diventata irrespirabile?

Modulo 2 Unità 3

15. Sai che cosa vuol dire? Rileggi le battute del dialogo dell'attività 2.

> Carlo: ...Olga poi **si butterà a pesce** per comprare tutta Rimini!
> Manuele: E tu? Non **ti butterai a pesce** anche tu sui videogiochi?
> Carlo: Non lo so proprio, sono al verde. La mia paghetta l'ho consumata da un pezzo.

"Buttarsi a pesce" in questo caso significa:

MI DÀ TRE TROTE E...

CHE BUONO!

CHE BELLO! FARE COMPERE MI PIACE TANTO!

Comprare del pesce.    Mangiare con gusto il pesce.    Dedicarsi con entusiasmo a qualcosa.

Q14

16. Che cosa hai imparato?

IO SO...

Modulo 2 Unità 3

ITALIA Lo sai che...

I vulcani

L'Italia è una terra vulcanica. Ha diversi vulcani che si trovano nella parte meridionale. Il più alto è l'Etna in Sicilia, che è anche il maggior vulcano attivo d'Europa. Ci sono poi lo Stromboli e il Vulcano che fanno parte delle Isole Eolie, vicino alla Sicilia. Le Isole Eolie sono molto studiate dai vulcanologi e dai geologi perché ci danno molte informazioni sul passato della Terra. Vicino a Napoli c'è il Vesuvio, tristemente famoso per l'eruzione del 79 d.C. in cui sono stati sepolti i centri di Ercolano e Pompei.

Napoli • VESUVIO
Ercolano
Pompei

Isole Eolie

STROMBOLI
Alicudi   Panarea
Filicudi   Salina
Lipari
VULCANO

ETNA

L'Etna

L'isola di Vulcano

Grammatic@

Modulo 2 Unità 3

1. Futuro anteriore

	port-are	cred-ere	fin-ire
Io	avrò portato	avrò creduto	avrò finito
Tu	avrai portato	avrai creduto	avrai finito
Lei/Lui	avrà portato	avrà creduto	avrà finito
Noi	avremo portato	avremo creduto	avremo finito
Voi	avrete portato	avrete creduto	avrete finito
Loro	avranno portato	avranno creduto	avranno finito

	torn-are	cad-ere	usc-ire
Io	sarò tornata/-o	sarò caduta/-o	sarò uscita/-o
Tu	sarai tornata/-o	sarai caduta/-o	sarai uscita/-o
Lei/Lui	sarà tornata/-o	sarà caduta/-o	sarà uscita/-o
Noi	saremo tornate/-i	saremo cadute/-i	saremo uscite/-i
Voi	sarete tornate/-i	sarete cadute/-i	sarete uscite/-i
Loro	saranno tornate/-i	saranno cadute/-i	saranno uscite/-i

Modulo 2 Unità 4

Avere una marcia in più

IMPARO A CONOSCERE UN GENIO ITALIANO.

C

1. *Osservate le immagini e dite quali oggetti illustrano. Scegliete fra le parole della lista.*

LA BICICLETTA   IL DELTAPLANO   L'ELICOTTERO   LO SCAFANDRO PER PALOMBARO   LA CARRUCOLA

S

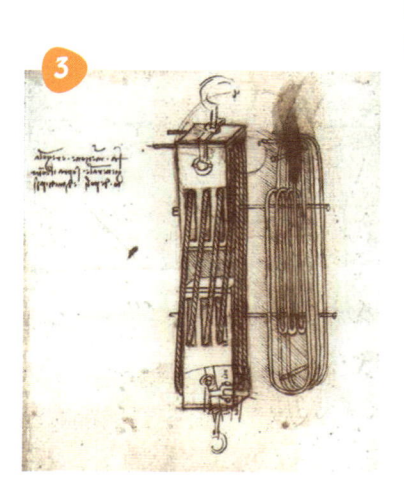

2. Risolvi l'anagramma e scopri il nome di chi ha inventato gli oggetti dell'attività 1.

LODA DIVINO CENAR

80 ottanta

Modulo 2 Unità 4

3. Osservate le immagini e dite quali differenze notate tra gli oggetti raffigurati e quelli corrispondenti dell'attività 1, come nell'esempio. Potete utilizzare il riquadro lessicale.

> LE DUE BICI SONO DIVERSE PERCHÉ UNA È IN LEGNO, L'ALTRA IN METALLO!

> SÌ, E... UNA È FATTA A MANO E L'ALTRA È FABBRICATA IN SERIE!

LA BICICLETTA

IL DELTAPLANO

L'ELICOTTERO

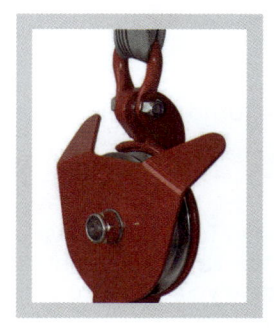

LA CARRUCOLA

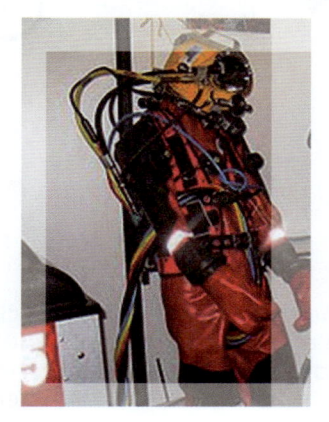

LO SCAFANDRO PER PALOMBARO

Parole per... descrivere

materiale	funzionamento	scopo	costruzione
legno	manuale	per fare poca fatica	fatto a mano
metallo	elettrico	per sport	fatto in serie
plastica	a carburante	per volare	costruito in fabbrica
gomma	a vapore		
corda			
stoffa	**utilizzo**	**forma**	
pelle	in acqua	rotonda	
vetro	sott'acqua	aerodinamica	
	in aria	a punta	
	sulla terra	regolare	
	sotto terra	irregolare	

ottantuno

Modulo 2 Unità 4

4. Abbinate ogni personaggio all'invenzione e scoprite la parola nascosta.

1. Leonardo da Vinci (XV-XVI secolo)
2. Edoardo Bianchi (XIX-XX secolo)
3. Flavio Gioia (XIII-XIV secolo)
4. Antonio Meucci (XIX secolo)
5. Guglielmo Marconi (XIX-XX secolo)
6. Alessandro Volta (XVIII-XIX secolo)

o. (batteria)
i. (radio)
i. (bicicletta)
t. (bussola)
c. (telefono)
m. (macchina per volare)

5. Leggi la biografia di Leonardo. Raccontatela a turno seguendo lo schema.

Leonardo nasce nel 1452 a Vinci, un piccolo paese in Toscana. Lì vive con lo zio a cui sua madre lo ha affidato. È un bambino molto curioso che osserva attentamente tutto quello che lo circonda. A sedici anni si trasferisce con la famiglia a Firenze e va a studiare pittura e scultura nella bottega di un famoso pittore: Andrea Verrocchio. Questo artista capisce subito il talento di Leonardo. A vent'anni Leonardo è già un artista e dipinge dei quadri, poi diventati famosi. Non si dedica però solo alla pittura, ma anche alle scienze. Sono famosi i suoi quaderni, dove prende appunti di ogni genere, fa schizzi per dipinti e per macchine di ogni tipo. La sua scrittura è molto particolare e si riesce a leggere solo con uno specchio. Alcune sue invenzioni anticipano il futuro: progetta una macchina per volare, una per andare sott'acqua e la bicicletta.
Viaggia molto e lavora al servizio di molti personaggi famosi. Muore in Francia nel 1519.
Molti sono i suoi dipinti famosi, tra cui *la Gioconda*, *l'Adorazione dei Magi* e *il Cenacolo*. *La Gioconda*, forse il quadro più famoso del mondo, rappresenta una donna con un particolare e misterioso sorriso. *L'Adorazione dei Magi* rappresenta l'arrivo dei tre Magi alla grotta dove è nato Gesù. *Il Cenacolo* rappresenta l'ultima cena di Gesù con i dodici apostoli.

1. Leonardo nasce...
2. A sedici anni...
3. A vent'anni...
4. Le sue invenzioni...
5. Viaggia... e muore...
6. I suoi quadri...

Modulo 2 Unità 4

c

6. Trova tra i seguenti dipinti il Cenacolo, la Gioconda e l'Adorazione dei Magi di Leonardo.
😊😊 Confrontatevi.

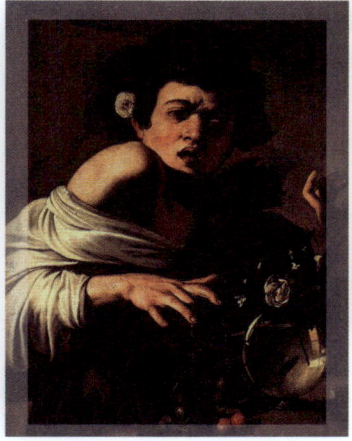

b c

7. Riguarda i dipinti dell'attività 6 e pensa a che cosa ti ha aiutato a individuare quelli di Leonardo.
😊😊 Confrontatevi.

Espressioni per... parlare di strategie

Sono dipinti famosi e li ho riconosciuti.
Mi interesso di arte.
Ho riconosciuto lo stile di Leonardo.
Sono andato/a per esclusione.
Mi ha aiutato il soggetto dipinto.
Mi hanno aiutato le parole che conosco in italiano.
Mi ha aiutato il testo letto nell'attività 5.

Modulo 2 Unità 4

8. Osserva i due dipinti, scegline uno e descrivi la figura, gli abiti, lo sfondo, i colori, i particolari. Aiutati con le parole nel riquadro.

La dama con l'ermellino — La Gioconda

Parole per… descrivere

la figura	gli abiti	lo sfondo	i colori	i particolari
delicata	eleganti	con un paesaggio	vivaci	la pettinatura
dolce	ricchi	con degli elementi naturali	tenui	il sorriso
serena	d'epoca	astratto	scuri	i gioielli
sorridente	con le pieghe	realistico	chiari	gli animali
seria	scollati	scuro	realistici	la collana
pensierosa	chiari	chiaro	astratti	le mani
triste	colorati	piatto		
imponente	scuri	colorato		

Modulo 2 Unità 4

9. *Abbinate gli oggetti inventati da Leonardo alle descrizioni corrispondenti.*

1 Robot

a Una semplice scatola con una grossa lente di vetro su una delle pareti e all'interno una candela: questo è il modo di Leonardo per produrre una luce 'bella e grande'.

2 Barca a pale

b Leonardo studia un carro pesante, a forma di testuggine, armato di cannoni tutt'attorno. Il movimento è affidato a un sistema d'ingranaggi collegato alle ruote e azionato con manovelle da 8 uomini all'interno.

3 Riflettore

c Battello reso veloce per mezzo di pale, talvolta anche molto grandi, azionate dalla forza muscolare e non ancora dal vapore come sarebbe accaduto più tardi, al tempo della rivoluzione industriale.

3 Carro armato

d Automa con armatura medievale che, oltre ad essere usato in teatro, venne adattato da Leonardo per un ricevimento reale dove diversi automi, messi in fila, con un particolare comando alzavano le braccia per salutare il re.

10. *Inventa un oggetto, disegnalo e prendi appunti su un foglio per descriverlo. Segui lo schema.*

1. nome dell'oggetto
2. utilizzo
3. descrizione della struttura (come è fatto, forma)
4. materiali usati per costruirlo
5. funzionamento
6. possibile slogan pubblicitario
7. prezzo per il pubblico

11. *Con gli appunti presi nell'attività 10, descrivete a turno l'oggetto inventato.*

12. Ascolta il dialogo e prendi appunti su un foglio riguardo ai campi di lavoro di Leonardo. Confrontatevi.

ottantacinque

Modulo 2 Unità 4

13. *Leggete i testi e preparate delle domande su un foglio.*

Leonardo è mancino, scrive con la mano sinistra, da destra a sinistra. È difficilissimo leggere quello che scrive. Si può leggere solo con l'aiuto di uno specchio.

Si dedica allo studio del corpo umano per rispettare le proporzioni nei disegni e nelle sculture. Famosissimo è il suo disegno dell'Uomo vitruviano. Per arrivare a questa perfezione la strada è naturalmente lunghissima.

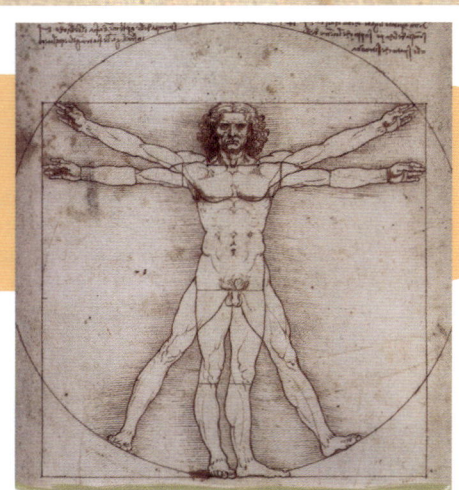

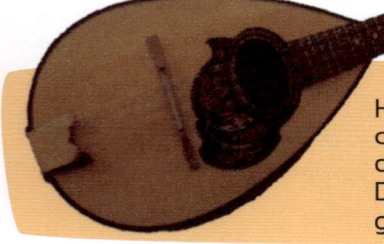

Ha realizzato strumenti musicali, che sapeva anche suonare. Era davvero un grandissimo genio. Da molti è considerato il più grande genio di quel tempo.

La preziosissima raccolta dei suoi scritti e dei suoi schizzi è conosciuta con il nome di Codici. È la più completa che esiste su di lui.

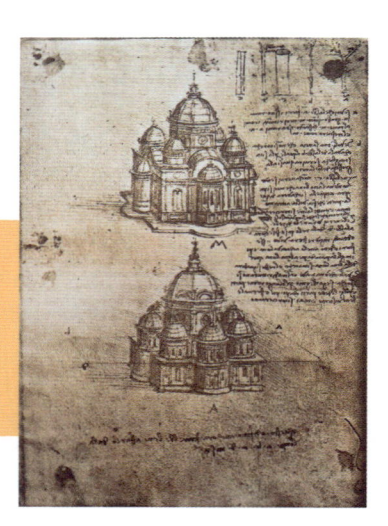

Il porto canale di Cesenatico, progettato da Leonardo, viene realizzato due secoli più tardi. Nel 2004 sono state inaugurate le porte vinciane. Queste porte sono un utilissimo sistema di chiuse. In caso di alta marea, l'acqua che sale fa chiudere le porte e in questo modo l'acqua salata del mare non risale i canali interni e non arriva nei terreni coltivati.

Modulo 2 Unità 4

C

14. A turno ponete le domande preparate nell'attività 13 e rispondete.

> **a** Superlativo assoluto e superlativo relativo degli aggettivi qualificativi

S

15. Scrivi su un foglio degli appunti per fare una relazione su Leonardo da Vinci.

P

16. Parlate a turno di quello che sapete su Leonardo da Vinci. Utilizzate gli appunti presi nell'attività 15.

L

17. Sai che cosa vuol dire? Leggi una parte del dialogo dell'attività 12.

> *Lucia:* Io so che ha progettato il porto canale di Cesenatico: sono stata lì in vacanza quest'estate e l'ho letto in una guida turistica.
> *Insegnante:* Certo, Lucia. Insomma ragazzi, era un genio universale. E tu cosa vuoi dirmi, Paolo?
> *Paolo:* Che era un personaggio che **aveva** proprio **una marcia in più**!

"Avere una marcia in più" in questo caso vuol dire:

| Essere più intelligenti e dinamici degli altri. | Avere un'automobile con tante marce. | Essere un tipo sempre arrabbiato. |

R

18. Che cosa hai imparato?

IO SO...

Modulo 2 Unità 4

ITALIA lo sai che...

La Maremma
La Maremma è una vasta regione geografica che comprende parte della Toscana e del Lazio e si affaccia sul Mar Tirreno.
Il clima della Maremma presenta caratteristiche mediterranee lungo la costa, mentre assume caratteri più continentali verso l'interno.
Le zone pianeggianti lungo le coste sono diventate paludose perché i fiumi le inondavano spesso.
Nell'interno ci sono le pinete e la macchia mediterranea. La macchia è un tipo di vegetazione della zona mediterranea.
Nella Maremma vive a branchi il cinghiale. Questo animale scava il terreno con il muso e forma profondi solchi.

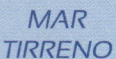

La pineta

La macchia mediterranea

Il cinghiale

Grammatica

1. Superlativo assoluto e superlativo relativo degli aggettivi qualificativi

Superlativo assoluto e superlativo relativo degli aggettivi qualificativi in *-o* e *-a*

	Maschile		
	Aggettivo	Superlativo assoluto	Superlativo relativo
singolare	famos**o**	famos**issimo**	**il più** famoso
plurale	famos**i**	famos**issimi**	**i più** famosi

	Femminile		
	Aggettivo	Superlativo assoluto	Superlativo relativo
singolare	famos**a**	famos**issima**	**la più** famosa
plurale	famos**e**	famos**issime**	**le più** famose

Superlativo assoluto e superlativo relativo degli aggettivi qualificativi in *-e*

	Maschile		
	Aggettivo	Superlativo assoluto	Superlativo relativo
singolare	grand**e**	grand**issimo**	**il più** grande
plurale	grand**i**	grand**issimi**	**i più** grandi

	Femminile		
	Aggettivo	Superlativo assoluto	Superlativo relativo
singolare	grand**e**	grand**issima**	**la più** grande
plurale	grand**i**	grand**issime**	**le più** grandi

Modulo 2 Unità 5

Le bugie hanno le gambe corte

IMPARO A RACCONTARE ESPERIENZE PERSONALI.

P

1. Osservate i disegni e raccontate a turno come si è svolta la storia. Usate le espressioni del riquadro.

A

B PRIMA MATEMATICA. POI GEOGRAFIA. POI RIPOSO!

C PRIMA LE PATATINE E LA BIBITA. DOPO IL PALLONE!

D

E

F È STATO IL GATTO!

G CHE GUAIO! MEGLIO DIRE LA VERITÀ!

H

Parole per... raccontare un'esperienza

prima	un attimo dopo	dopo un'ora
poi	adesso	quindi
dopo	alla sera	infine
in quel momento		

90
novanta

Modulo 2 Unità 5

2. Ascoltate la storia e verificate se avete indovinato.

3. Leggi le domande, riascolta la storia e rispondi su un foglio. Confrontatevi.

- Come inizia la storia?
- Quali azioni avvengono nello svolgimento della storia?
- Come si conclude la storia?

4. Date un titolo a ogni scena dell'attività 1, come nell'esempio e scrivetelo su un foglio.

A UN POMERIGGIO PIOVOSO

5. Confrontate i titoli scritti nell'attività 4 e motivate le vostre scelte

> NOI ABBIAMO DATO QUESTO TITOLO PERCHÉ...

> NON SIAMO D'ACCORDO. SECONDO NOI VA MEGLIO... PERCHÉ...

6. Scegliete due scene consecutive dell'attività 1, scrivete il dialogo su un foglio e interpretatelo.

Modulo 2 Unità 5

7. Completate a turno oralmente il racconto. Usate le espressioni indicate.

1. Che bello! Era giovedì, il mio giorno libero, ed era una giornata piena di sole!

2. Prima di tutto...

3. Ho preso il mio monopattino e, via come un fulmine, all'appuntamento con la mia "quasi futura" ragazza Stefania...

4. Poi, purtroppo...

5. Naturalmente non mi importava niente del cartello e mi sono fatto largo tra la gente gridando: pista, pista!

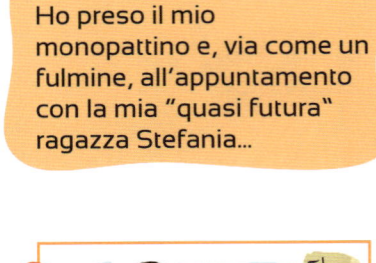

6. Dopo...

7. Infine...

8. Leggete lo svolgimento di una storia e inventate un inizio e una conclusione.

Inizio	Un giorno...
Svolgimento	Mi sembrava il momento giusto per entrare nella stanza di mio fratello. Finalmente potevo cercare nel cassetto della sua scrivania il foglio misterioso che aveva nascosto. Allora mi sono messa a rovistare tra le sue cose. Eccolo, era nelle mie mani! Adesso avevo la mappa del tesoro. Sono corsa in camera mia e poi mi sono messa a leggerla per decifrarla. Alla fine ho scoperto dove mio fratello teneva nascosto il suo bene prezioso e ho incominciato a cercarlo. Ho seguito attentamente le indicazioni. Dopo un'ora, in mezzo a un libro ho trovato un numero di cellulare. Naturalmente ho composto il numero.
Conclusione	Infine...

9. Leggi l'inizio e la conclusione di una storia. Scrivi su un foglio lo svolgimento usando le parole indicate. Confrontatevi.

Inizio	Quando si dice il caso! Erica teneva al guinzaglio un cane grande e grosso.
Svolgimento	1. Prima di tutto... 2. Poi... 3. Allora... 4. Dopo un po'... 5. Quindi...
Conclusione	"Hai ragione!" mi ha detto infine sorridendo "Le bugie hanno le gambe corte."

10. Scrivi su un foglio alcuni appunti su una tua esperienza. Segui lo schema.

inizio dell'esperienza — svolgimento dei fatti — conclusione

11. Raccontate a turno la vostra esperienza. Servitevi degli appunti dell'attività 10.

Modulo 2 Unità 5

12. *Leggete il testo e scrivete i dialoghi su un foglio.*

Finalmente è il giorno del mio tredicesimo compleanno! Tutto è pronto: CD, spazio per ballare, tavolo con patatine, bibite, popcorn, tartine e pizzette.
Sono le due e adesso arrivano gli amici. Suona il campanello: è Jacopo che mi porta in regalo dei magnifici auricolari. Poi arriva Miriam con il mio CD preferito.

Dopo cinque minuti arrivano le gemelle Sabrina e Sara, che sono riuscito a invitare all'ultimo momento. "Ciao tredicenne" mi dicono "come ci si sente alla tua età?."
"Bene" rispondo "sono quasi un adulto a due passi da poter guidare un motorino che mi piace tanto!" Il loro regalo è davvero splendido: la gigantografia del mio giocatore preferito di cui so tutto.

Ecco, infine, è la volta del nostro amico Andrea, l'"inventore", che ha sempre la testa fra le nuvole e che spesso inventa cose inutili.
"Salve, ragazzi, tutto bene? Ecco qui, Mauro, è per te!" e mi mette in mano una gomma.
"Una gomma?" dico incredulo.

"Mai fidarsi delle apparenze, è una gomma che cancella tutto quello che vuoi."
"Tutto, tutto? Sei sicuro?" chiedo.
"Sicurissimo!"
Dopo tre ore gli amici se ne vanno. La casa è in disordine e fra un po' arrivano i miei genitori. "Come fare? Proviamo con la gomma" penso, e ordino: "Gomma, cancella tutto questo caos!"
Detto fatto. In conclusione Andrea, l'inventore, aveva proprio ragione. Questa volta ha inventato una cosa utile, che mi servirà anche in futuro.

Modulo 2 Unità 5

C

13. Interpretate i dialoghi scritti nell'attività 12.

S

14. Scegliete uno degli insiemi di parole della lista. Inventate una storia, scrivetela su un foglio e memorizzatela.

1	2	3	4	5
tuta da ginnastica aranciata dipinto	calamaio cappello stivale	nuvola pane incrocio	tavola cravatta barca	borsa sole scarpone

P

15. Raccontate a turno la storia inventata nell'attività 14.

L

16. Sai che cosa vuol dire? Leggi una parte del testo dell'attività 2.

> *Dopo un'ora di rimorsi in cui non trovavo pace, ho deciso di dire la verità. Ero sollevato perché mi ero assunto le mie responsabilità.* **Le bugie hanno le gambe corte!** *La mia era durata solo un'ora.*

"Le bugie hanno le gambe corte" in questo caso vuol dire:

Chi dice le bugie corre veloce.    È difficile scoprire la verità.    Prima o poi la verità si viene a sapere

R

17. Che cosa hai imparato?

IO SO...

Modulo 2 Unità 5

ITALIA Lo sai che...

Il paesaggio lagunare
La laguna è un ambiente di confine tra la terra e il mare. Si forma per l'azione delle maree e quella delle acque dolci dei fiumi. I detriti, trasportati dai fiumi, formano i lidi. Essi sono sottili strisce sabbiose che chiudono una parte di mare, piena di piccole isole.
In Italia la laguna più grande è quella di Venezia. Nella laguna ci sono una flora (piante) e una fauna (animali) tipica dei terreni paludosi.

Venezia

La laguna di Venezia

Venezia e la laguna dal satellite

Grammatica

Modulo 2 Unità 5

1. Pronomi relativi *che* e *cui*

Pronome	
che (soggetto) **il quale, la quale, i quali, le quali**	Il vaso di cristallo, **che** (soggetto) si trova in corridoio, si è rotto.
che (complemento oggetto)	Il vaso di cristallo, **che** (complemento oggetto) la nonna aveva regalato alla mamma, era in mille pezzi.
cui, il quale, la quale, i quali, le quali (con preposizione)	Dopo un'ora di rimorsi, **in cui** non trovavo pace, ho deciso di dire la verità.

Modulo 3 Unità 1

Vivere sulla luna

IMPARO A DIRE QUELLO CHE LE PERSONE STANNO FACENDO.

C

1. Guardate l'immagine e dite di che cosa stanno parlando Rosa e Martina.

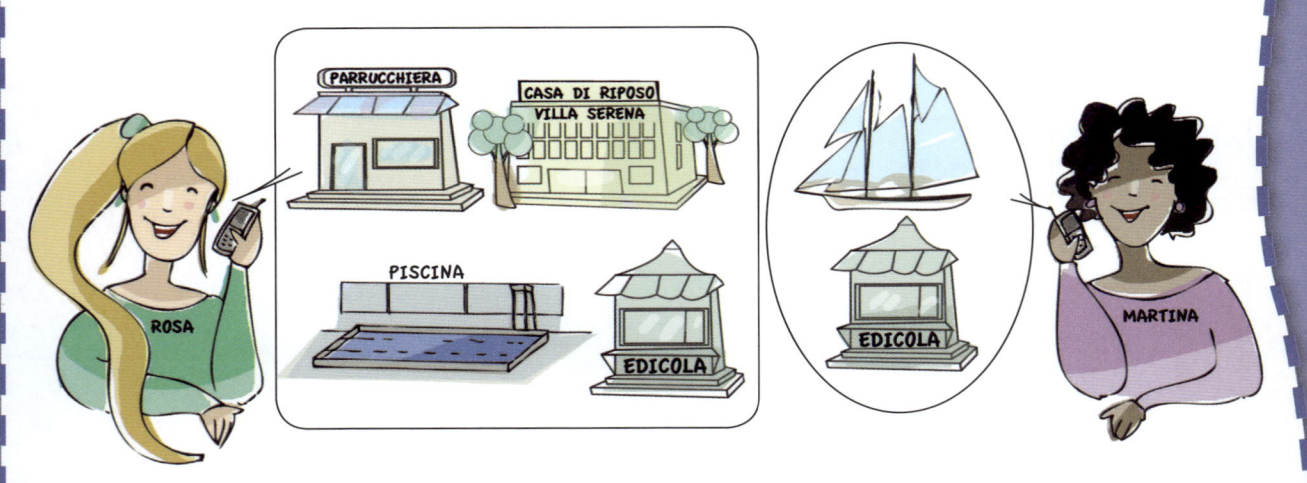

A C

2. Ascoltate: avete indovinato?

A S

3. Riascolta il dialogo e scrivi su un foglio le persone e gli ambienti nominati. Confrontatevi.

A L

4. Riascoltate il dialogo e individuate le frasi vere e quelle false.

- **A** Rosa va dalla parrucchiera.
- **B** Rosa ha un appuntamento alle 9.00.
- **C** Luca, Roberta e Martina vogliono andare al bar.
- **D** Andrea ha promesso di portare i ragazzi fino alle spiagge bianche.
- **E** Rosa va con il papà a trovare la nonna.
- **F** Rosa ha l'allenamento di pallavolo.
- **G** Rosa e Martina si incontrano alle sei davanti al cinema.

5. *Riscrivi in modo corretto su un foglio le frasi false dell'attività 4.* Confrontatevi.

Q4
Q8

a) Gerundio semplice
1 *Stare* + gerundio

6. *Dite a turno cosa sta facendo Rosa, come nell'esempio.*

Q9
Q11

PARRUCCHIERA

ROSA STA ANDANDO DALLA PARRUCCHIERA.

FERMATA CORRIERA

A

B

C VILLA SERENA

D

E

F EDICOLA

Modulo 3 Unità 1

7. Osservate le persone attorno a voi e a turno dite cosa stanno facendo.

SONIA STA SCRIVENDO.

8. Leggi il diario di Rosa e trascrivi su un foglio i suoi sentimenti. Confrontatevi.

Che giornata oggi! Finalmente ho avuto una giornata libera tutta per me. Che gioia!
La scuola era chiusa per vacanza e io ho potuto fare quello che volevo. Prima di tutto, dopo colazione, ho telefonato a Martina. All'inizio ero molto allegra, ma è arrivata la prima delusione: Martina non poteva venire con me dalla parrucchiera. Poi Stefi, la parrucchiera, mi ha tagliato i capelli un po' troppo corti, ma il taglio era davvero bello e mi sono consolata. Ero in ritardo, così ho mangiato in fretta un panino e sono corsa alla fermata della corriera, dove mi aspettava già la mamma. Siamo andate dalla nonna: è stato un gran piacere vederla.

Io le voglio molto bene e con lei mi sento sicura e felice. Quando me ne sono andata, ho avuto subito un po' di nostalgia.
All'allenamento di pallanuoto l'allenatore ha continuato a sgridarmi e così mi sono davvero innervosita, ma alla fine mi ha scelto per la partita di domenica.
Devo dire che i capelli corti sono proprio comodi e li ho potuti asciugare in fretta dopo l'allenamento. Mentre pensavo all'appuntamento con Martina, mi sentivo felice e rilassata.
Finalmente ho incontrato Martina. Insieme abbiamo fatto quattro chiacchiere con il signor Gino e poi siamo andate a passeggiare sul lungomare, dove abbiamo incontrato Piero, Angelo e Giuseppe: che gioia!

Modulo 3 Unità 1

S

9. *Scrivi su un foglio cosa hai fatto ieri. Inserisci almeno cinque sentimenti che hai provato.*

Parole per... parlare di sentimenti e stati d'animo

essere		avere	sentirsi	
allegri	infuriati	fiducia	sicuri	a disagio
tristi	sereni	nostalgia	insicuri	belli
soddisfatti	spaventati	paura	felici	brutti
delusi	tranquilli		infelici	amati
calmi	agitati		a proprio agio	trascurati

C

10. 😊😊 *Guardate l'immagine e dite come trascorre la giornata Martina.*

A C

11. 😊😊 *Ascoltate: avete indovinato?*

16

Modulo 3 Unità 1

Q14 → Q17

a Stare per + infinito
2

l

12. Abbina le domande alle risposte, come nell'esempio. Scrivi su un foglio le lettere in ordine e scopri la parola nascosta.

1. Cosa stanno per fare Martina, Luca e Roberta?
2. Chi sta per arrivare?
3. Perché Rosa non è insieme agli amici?
4. Cosa sta per aumentare?
5. Perché Luca vuole andare in barca anche se il mare è mosso?
6. Alla fine dove stanno per andare i ragazzi?

d. Perché sta per andare dalla parrucchiera.
a. Stanno per andare al bar.
a. Stanno per partire per una gita in barca.
n. Sta per arrivare il cugino di Martina.
r. Sta per aumentare il vento.
e. Perché non capisce che è pericoloso.

s

13. Ripensa ai dialoghi delle attività 2 e 11. 😊😊 Ognuno sceglie un personaggio, Rosa o Martina, e su un foglio prende appunti sulla sua giornata, seguendo lo schema.

Ha preso appuntamento con... — Prima va a... — Dopo... — Infine...

P

14. 😊😊 Con l'aiuto degli appunti dell'attività 13 raccontate a turno come ha trascorso la giornata il personaggio scelto.

C

15. 😊😊 A turno fatevi domande sulla vostra giornata di ieri e rispondete, come negli esempi.

— COSA STAVI FACENDO IERI TRA LE 2 E LE 3 DEL POMERIGGIO?
— STAVO PRENDENDO IL SOLE IN SPIAGGIA!

— E TU, COSA STAVI PER FARE IERI ALLE QUATTRO DEL POMERIGGIO?
— STAVO PER ANDARE A RACCOGLIERE I POMODORI NELL'ORTO!

Modulo 3 Unità 1

P

16. ●● *Osservate l'illustrazione. Dite a turno cosa stanno facendo o cosa stanno per fare le persone, gli animali e i mezzi di trasporto, come nell'esempio.*

Q18

Frasi per... descrivere azioni

sta aspettando   sta per entrare
sta abbaiando   sta per arrivare
sta attraversando   sta per attraversare

> LA SIGNORA STA CAMMINANDO E STA PER ENTRARE IN UNA BOUTIQUE.

BOUTIQUE — TAXI — BUS — BAU! — FARMACIA — GELATERIA

C

17. ●●● *Scegliete una situazione, scrivete su un foglio gli appunti per un dialogo e interpretate la scenetta.*

Q19

- **Alla casa di riposo** (mamma, nonna, Rosa)
- **Davanti all'edicola** (Rosa, Martina, il signor Gino)
- **All'allenamento di pallanuoto** (Rosa, l'allenatore)
- **Dalla parrucchiera** (Rosa, la parrucchiera)
- **In spiaggia** (Luca, Roberta, Martina, Andrea)
- **Al bar** (barista, Luca, Roberta, Martina, Andrea)
- **Sul lungomare** (Rosa, Martina, Piero, Angelo, Giuseppe)

Modulo 3 Unità 1

18. Sai che cosa vuol dire? Leggi le battute del dialogo dell'attività 11.

> Luca: Ma dai, per un po' di onde?
> Andrea: Ma tu, Luca, **vivi sulla luna**?
> Luca: Cosa vuoi dire?
> Andrea: Non ti rendi conto che è pericoloso uscire in barca?

"Vivere sulla luna" in questo caso vuol dire:

Vivere fuori dalla realtà.    Avere una casa sulla luna.    Sognare di vivere sulla luna.

19. Che cosa hai imparato?

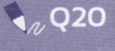

IO SO...

Modulo 3 Unità 1

ITALIA Lo sai che...

La pesca nel Mediterraneo
In Italia molte persone, circa 47.000, lavorano nel settore della pesca. Le attività si concentrano soprattutto in Sicilia, Puglia e nell'Adriatico settentrionale. Sono moltissime le specie pescate. Ricordiamo, fra le principali, l'acciuga, il merluzzo, la vongola, la sardina, il tonno e il pesce spada.
Una particolarità: negli ultimi anni in Italia l'allevamento e la pesca del tonno si sono sviluppati soprattutto per soddisfare la domanda del mercato giapponese e sono diffusi in Sicilia, Calabria e Campania.

Un pescatore

Il tonno

Modulo 3 Unità 1

Grammatic@

1. Gerundio semplice

arrivare	decidere	partire
arriv**ando**	decid**endo**	part**endo**

Attenzione!

Usiamo **stare** + **gerundio** per indicare un'azione iniziata, ma non ancora conclusa.

	stare	gerundio
Io	sto	arrivando decidendo partendo
Tu	stai	
Lei/Lui	sta	
Noi	stiamo	
Voi	state	
Loro	stanno	

Gerundio semplice di alcuni verbi irregolari

dire	fare	bere	tradurre	condurre
dicendo	facendo	bevendo	traducendo	conducendo

2. *Stare per* + infinito

Attenzione!

Usiamo **stare per** + **infinito** per indicare un'azione non ancora incominciata, ma prossima.

	stare	*per* + infinito
Io	sto	per arrivare per decidere per partire
Tu	stai	
Lei/Lui	sta	
Noi	stiamo	
Voi	state	
Loro	stanno	

Modulo 3 Unità 2

Avere una vista d'aquila

IMPARO A CONOSCERE GLI ANIMALI DEL BOSCO E A PARLARNE.

C

1. Guardate l'immagine, dite dove sono i ragazzi e di che cosa parlano.

COME SI VIVE QUI DA VOI?

BENE, LA MONTAGNA PER ME È BELLISSIMA!

A C

2. Ascoltate: avete indovinato?

A S

3. Riascolta il dialogo e scrivi su un foglio quali animali vengono nominati.
Confrontatevi.

Modulo 3 Unità 2

4. Leggi l'e-mail di Simone a Margherita. Indicate quali animali e quali tracce dell'uomo nomina in più rispetto al dialogo dell'attività 3.

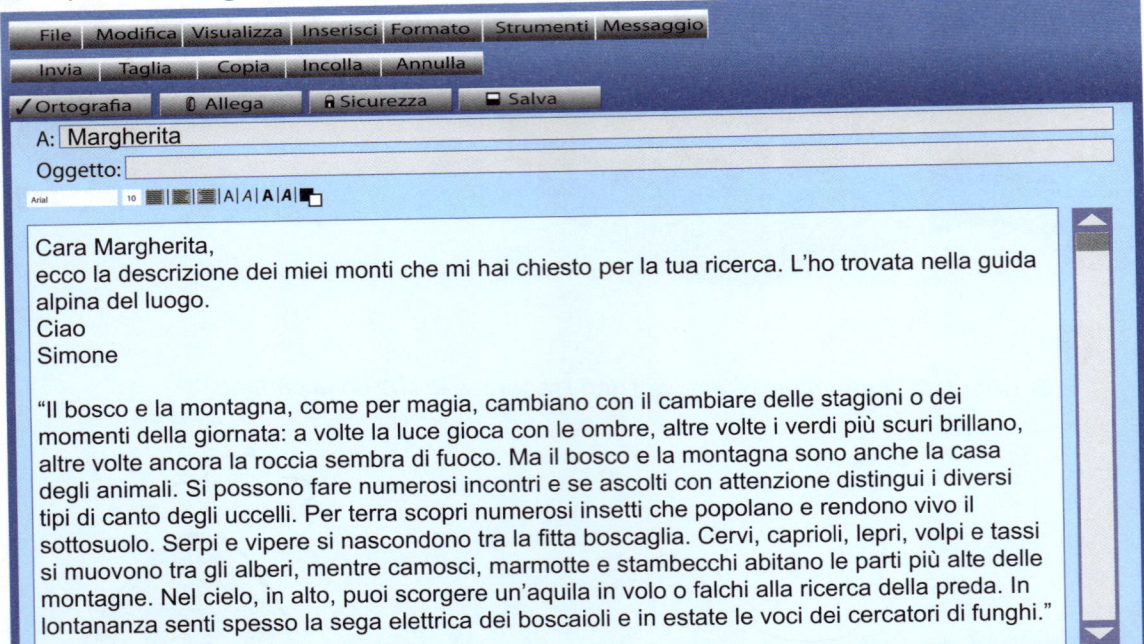

A: Margherita
Oggetto:

Cara Margherita,
ecco la descrizione dei miei monti che mi hai chiesto per la tua ricerca. L'ho trovata nella guida alpina del luogo.
Ciao
Simone

"Il bosco e la montagna, come per magia, cambiano con il cambiare delle stagioni o dei momenti della giornata: a volte la luce gioca con le ombre, altre volte i verdi più scuri brillano, altre volte ancora la roccia sembra di fuoco. Ma il bosco e la montagna sono anche la casa degli animali. Si possono fare numerosi incontri e se ascolti con attenzione distingui i diversi tipi di canto degli uccelli. Per terra scopri numerosi insetti che popolano e rendono vivo il sottosuolo. Serpi e vipere si nascondono tra la fitta boscaglia. Cervi, caprioli, lepri, volpi e tassi si muovono tra gli alberi, mentre camosci, marmotte e stambecchi abitano le parti più alte delle montagne. Nel cielo, in alto, puoi scorgere un'aquila in volo o falchi alla ricerca della preda. In lontananza senti spesso la sega elettrica dei boscaioli e in estate le voci dei cercatori di funghi."

5. Immagina di essere Margherita e scrivi su un foglio la risposta a Simone secondo la traccia. Per descrivere l'ambiente marino puoi utilizzare i soggetti delle fotografie.

1. Hai piacere di leggere la e-mail di Simone e lo ringrazi.
2. Sei convinta che la montagna è bellissima.
3. Scrivi che il mare cambia a seconda delle stagioni, dei venti e del colore del cielo.
4. Scrivi che anche le persone che vivono al mare amano il loro ambiente, imparano a conoscerlo e a rispettarlo.
5. Descrivi gli animali e i pesci che si possono vedere.
6. Parli dei pescatori in generale (quelli che pescano in riva al mare e quelli che escono con il peschereccio).
7. Saluti e chiedi a Simone di mandarti altre informazioni sulla montagna.

IL GABBIANO  — IL CORMORANO  — IL CEFALO  — LA TRIGLIA  — LA SOGLIOLA

IL DENTICE  — LA SARDINA  — LA MEDUSA  — IL PESCATORE  — IL PESCHERECCIO

Modulo 3 Unità 2

L

6. Leggete a turno quello che avete scritto nell'attività 5.

P

7. Simone manda le seguenti fotografie a Margherita. Commentatele insieme.

Q4

Parole per… descrivere un paesaggio

in primo piano	in basso
sullo sfondo	al centro
a destra	ai lati
a sinistra	sotto
in alto	sopra

Parole per… commentare

Non ti sembra… stupendo/magnifico/bellissimo?
Dà una sensazione… di pace/di tranquillità.
Dà l'idea di una natura… pulita/non inquinata.
È un posto ideale per… trovare la pace/divertirsi a fare escursioni.
È un posto dove si può vivere bene.

Modulo 3 Unità 2

8. Margherita deve fare una relazione su un animale di montagna. Simone le consiglia una rivista specializzata con un testo sulla marmotta. Aiutala e scrivi su un foglio degli appunti per la relazione.

Q5
Q6

LA MARMOTTA

1. La marmotta è un piccolo erbivoro che vive in alta montagna, soprattutto nelle pietraie. Vive in colonie in cui sono presenti più famiglie, formate da madre, padre e figli fino a tre anni. Ogni famiglia difende il proprio prezioso territorio da altre marmotte. Avere un buon territorio è fondamentale: esso garantisce un rifugio sicuro, cibo durante l'estate e condizioni miti per il sonno invernale.

2. Ne esistono molti esemplari sulle Alpi.

3. Ha un corpo piccolo e robusto, zampe corte e unghie forti per scavare lunghe gallerie.

4. Le marmotte si organizzano per avvertire i pericoli e nascondersi nelle tane. Una di loro è sempre di guardia. Quando la guardia emette un solo grido, simile a un fischio, segnala che il pericolo viene dal cielo (aquila); quando emette tante grida, una dopo l'altra, avverte che il pericolo viene da terra (volpe).

5. L'alimentazione delle marmotte è costituita essenzialmente da erbe e radici che permettono di accumulare, nella buona stagione, il grasso che verrà consumato durante il letargo invernale. In letargo la temperatura del loro corpo scende, diminuiscono i battiti del cuore e il ritmo del respiro. Il loro peso diventa quasi la metà: passa da 4-6 a 2-3 kg. Per farsi caldo le marmotte dormono strette l'una accanto all'altra sopra un tappeto di fieno, ma quando fa tanto freddo e la temperatura scende sotto i 5 gradi, si svegliano per non morire.

6. La tana delle marmotte è costruita con il lavoro di più generazioni e si raggiunge, attraverso un'unica entrata, con una serie di gallerie lunghe 10-15 metri.

Consigli per... prendere appunti da un testo sugli animali

1. ambiente in cui vive
2. specie in pericolo/esemplari esistenti
3. caratteristiche fisiche
4. comportamenti particolari
5. alimentazione
6. abitazione-rifugio

Modulo 3 Unità 2

L C

9. *Confrontate gli appunti e scegliete quali sono più utili per la relazione di Margherita.*

L S

10. Uno di voi legge il testo A, l'altro il testo B. Su un foglio prendete appunti per raccontarlo.

A IL CERVO

1. Il cervo vive in territorio alpino da quasi un milione di anni.
2. Il numero di cervi in assenza di caccia e di grossi predatori (soprattutto il lupo) aumenta del 20-25% all'anno.
3. Il cervo maschio può pesare fino a 250 kg, la femmina è più leggera e può raggiungere i 120 kg.
4. Il cervo maschio si distingue dalla femmina perché ha le caratteristiche corna. In autunno, durante il periodo degli amori, i cervi maschi si sfidano fra loro emettendo un suono particolare: il bramito.
5. Il cervo mangia e è attivo soprattutto di notte, mentre di giorno se ne sta solitamente tranquillo nel bosco. È un buongustaio e non perde occasione per assaggiare i migliori funghi porcini che trova. Durante l'inverno il cervo ha meno fame e riesce a digerire anche le erbe più secche e la corteccia degli alberi.
6. Il cervo non ha una vera tana, ma si nasconde nella foresta fitta e ricca di alberi giovani.

B L'AQUILA

1. L'aquila reale vive nel territorio alpino. Una sola coppia di aquile controlla un territorio di 100-120 kmq.
2. Gli esemplari di aquila presenti sulle Alpi sono circa 300.
3. L'aquila reale ha un'apertura alare di 2-2,20 m. Le aquile giovani hanno tre macchie bianche sulla coda e sulle ali, mentre le aquile adulte sono completamente scure.
4. L'aquila vede bene a distanze 8 volte superiori a quelle dell'uomo. Per questo si dice che chi vede bene ha "una vista d'aquila". Per cacciare ha bisogno di zone aperte, per sorprendere le prede.
5. Sulle Alpi, durante l'estate la marmotta è la sua preda principale. Durante l'inverno si sfama soprattutto mangiando animali morti.
6. I nidi dell'aquila si trovano in località difficili da raggiungere, di solito su pareti rocciose. Sono protetti dal sole e dalle intemperie da un tetto di roccia.
Ogni coppia ha più nidi, in genere tre o quattro, distanti 2-3 km uno dall'altro.

Modulo 3 Unità 2

P S

11. ●● Con gli appunti presi nell'attività 10 raccontate a turno il testo che avete letto. Ognuno prende appunti su un foglio su quello che gli viene raccontato.

L

12. Leggi il testo dell'attività 10 che ti è stato raccontato e controlla con gli appunti se ti sono state date informazioni precise.

C

13. ●● Dite a turno se le informazioni ricevute nell'attività 11 erano complete.

A C

14. ●● Ascoltate e dite di che cosa parlano Margherita e Simone.

● 18
Q10
Q13

ⓐ Aggettivi e pronomi indefiniti
1

C

15. ●● Fate ipotesi sul tempo di decomposizione degli oggetti e scoprite la parola nascosta.

Q13
Q14

Oggetto

1. buccia di frutta
2. fazzoletto di carta
3. giornali
4. fiammiferi
5. sigaretta con filtro
6. lattina di alluminio
7. sacchetto di plastica
8. bottiglia di plastica
9. scheda telefonica
10. bottiglia di vetro

Tempo di decomposizione

- **o** 4000 anni
- **o** da 100 a 1000 anni
- **t** da 10 a 100 anni
- **i** 2 anni
- **r** da 6 a 10 mesi
- **e** 3 mesi
- **r** da 100 a 1000 anni
- **i** 1000 anni
- **t** 1 mese
- **r** da 3 a 12 mesi

C

16. ●● Elencate gli oggetti di plastica che usate ogni giorno.

Modulo 3 Unità 2

C

17. Fate delle proposte per sostituire gli oggetti di plastica, come nell'esempio.

> SI POSSONO SOSTITUIRE LE BORSE DI PLASTICA CON QUELLE DI STOFFA!

> SI POSSONO SOSTITUIRE GLI ACCENDINI CON I FIAMMIFERI!

L

18. Sai che cosa vuol dire? Leggi le battute del dialogo dell'attività 2.

Margherita: Ciao, anche tu qui in montagna?
Simone: Certo, ci abito, vedi quella casa lassù, prima del bosco e sotto le rocce?
Margherita: Quale, quella bianca?
Simone: Sì proprio quella, è la mia!
Margherita: Ma bisogna **avere una vista d'aquila** per vederla! Non dirmi che abiti proprio quassù?
Simone: Sì, proprio qui.

"Avere una vista d'aquila" in questo caso vuol dire:

> SENZA OCCHIALI NON CI VEDO PROPRIO!

Vederci male.

> VEDO IN MODO CHIARO UNO STAMBECCO SULLE ROCCE LASSÙ!

Avere una vista acuta.

> GUARDA, GUARDA L'AQUILA REALE CHE VOLA IN CIELO!

Vedere un'aquila che vola.

R

19. Che cosa hai imparato?

> IO SO...

Q15

Modulo 3 Unità 2

ITALIA Lo sai che...

PARCO DELLO STELVIO

PARCO DEL CILENTO

I parchi naturali in Italia
I parchi naturali e le aree protette in Italia sono più di 300, come il Parco dello Stelvio fra la Lombardia e il Trentino-Alto Adige e il Parco del Cilento in Campania. Hanno il compito di salvare e di proteggere la natura e gli animali dall'opera distruttrice dell'uomo. Le aree protette sono terrestri e marine e hanno una grande ricchezza di ambienti, di specie, di storia e di cultura. In queste zone la natura è incontaminata: la flora (le piante e i fiori) è particolarmente ricca e la fauna (gli animali) vive indisturbata. All'interno dei parchi protetti è vietato raccogliere fiori, piante e rami e cacciare gli animali.

Parco nazionale dello Stelvio

Parco nazionale del Cilento

Grammatic@

Modulo 3 Unità 2

1. Aggettivi e pronomi indefiniti

Indicano una quantità imprecisa di persone, animali o cose.

Gli **aggettivi indefiniti aggiungono qualcosa** al nome che sta vicino.

Aggettivi indefiniti

maschile		femminile	
singolare	plurale	singolare	plurale
alcuno	alcuni	alcuna	alcune
tutto	tutti	tutta	tutte
poco	pochi	poca	poche
tanto	tanti	tanta	tante
molto	molti	molta	molte
quanto	quanti	quanta	quante
qualche	/	qualche	/
ogni	/	ogni	/
nessuno/nessun	/	nessuno/nessun'	/

Attenzione!

Alcuno/alcuna si usano in frasi negative e significano *nessuno/nessuna*.
Tutto/Tutta/Tutti/Tutte sono sempre seguiti **dall'articolo**.
Qualche, ogni si usano solo al singolare e restano invariati (=sempre uguali)
Nessuno si comporta come gli articoli indeterminativi, si accorda cioè al nome che lo segue.

I **pronomi indefiniti stanno al posto** di un nome.

Pronomi indefiniti

maschile		femminile	
singolare	plurale	singolare	plurale
-	alcuni	-	alcune
tutto	tutti	tutta	tutte
poco	pochi	poca	poche
tanto	tanti	tanta	tante
molto	molti	molta	molte
quanto	quanti	quanta	quante
qualcuno	/	qualcuna	/
ognuno	/	ognuna	/
nessuno	/	/	/

Modulo 3 Unità 3

Vendere fumo

IMPARO A ORDINARE COSE DA BERE E DA MANGIARE E A FARE ACQUISTI.

1. Leggete il fumetto, dite dove sono i ragazzi e cosa dicono per ordinare qualcosa.

- A CHI TOCCA?
- NO, TOCCA A ME!
- TOCCA A ME!
- STATE CALMI, RAGAZZI, VI SERVO TUTTI, PRIMA O POI!
- SÌ, MA NOI ABBIAMO FRETTA, DOBBIAMO TORNARE A SCUOLA!
- SU, DIMMI, COSA DESIDERI?
- UN FRULLATO DI LATTE E BANANA.
- ECCO A TE, E TU COSA DESIDERI?
- MI FACCIA UNA SPREMUTA D'ARANCIA, PER FAVORE!
- LA FACCIO SUBITO!
- POSSO FARE IL CONTO?
- CERTO, QUANTO LE DEVO?
- IN TUTTO SONO....

2. Andate al bar qualche volta? Che cosa dite per ordinare qualcosa?

Modulo 3 Unità 3

a Registro informale e registro formale
1

c

3. Aiutate Luigi a fare le ordinazioni al bar.

Parole per... ordinare in un bar

Per favore, vorrei...
Scusi, avrebbe...
Mi faccia...
Mi prepari...
Mi porti...
Mi darebbe...

c

4. Siete il cameriere e il cliente di un bar. Alternatevi nei ruoli. Ordinate le vostre bibite preferite e servitele.

A

5. Sabrina e la zia dedicano un pomeriggio agli acquisti. Ascolta, indica in sequenza dove vanno e scopri la parola nascosta.

● 19

| l | z | n | i |
LA MACELLERIA  — IL PANIFICIO 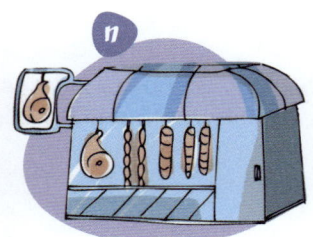 — LA SALUMERIA  — IL BAR

| b | f | m | h |
IL NEGOZIO DI FIORI  — LA PELLETTERIA  — L'OROLOGERIA  — LA GIOIELLERIA

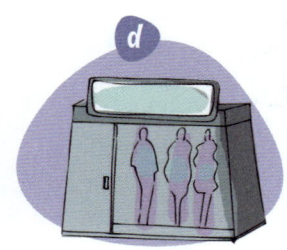

| d | r | o |
IL NEGOZIO DI ABBIGLIAMENTO  — LA LIBRERIA 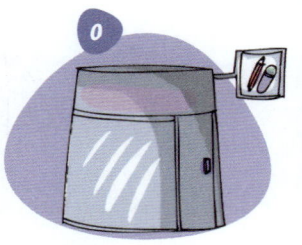 — LA CARTOLERIA

centodiciassette

Modulo 3 Unità 3

A **S**

6. Riascolta e scrivi su un foglio le espressioni che la zia di Sabrina e i commessi usano nei dialoghi per chiedere e offrire dei prodotti. Scegli tra i biglietti della lista.

● 19

| Cosa desidera? | Ti devo... | Ne vorrei... | Per caso ne ha...? | Hai... | Va bene... |

| Dammi... | Mi dia... | Voglio... | Quanto Le devo... | Si accomodi... | Per cortesia mi faccia... |

S **C**

7. Con le espressioni scritte nell'attività 6 ricostruite il dialogo tra il macellaio e la zia di Sabrina e recitate la scenetta.

Q5
Q7

a Partitivo e nomi
2 di quantità

S **C**

8. Scrivete un dialogo fra la zia di Sabrina e il cartolaio per acquistare uno zainetto: usate le espressioni dell'attività 3 e 6 e interpretate la scenetta.

C

9. Osservate il disegno e dite dove sono andate e cosa hanno comprato Sabrina e la zia.

LA GIACCA
LA CRAVATTA
IL GIACCONE
L'ABITO DA UOMO
LA CANOTTIERA
IL GIUBBOTTO DA UOMO
MISTER X
IL CAPPOTTO
IL MAGLIONE
I CALZINI
LA CAMICIA
LE MUTANDE
LA SCIARPA

Modulo 3 Unità 3

A C

10. Ascoltate: avete indovinato?

a Il pronome *ne*
2

A C

11. Riascoltate il dialogo, prendete appunti e interpretate i ruoli del commesso e della zia.

Espressioni per... chiedere

Vorrei...
Mi faccia vedere...
Scusi...
Le posso chiedere...?
Posso riportare...?

Espressioni per... offrire qualcosa

Le posso essere utile?
Potrei sapere...?
Non si preoccupi.
Lo prende?
Le faccio un pacchetto.
Lei può andare alla cassa.

L S

12. Leggi la e-mail che Sabrina manda alla sua amica Michela sul pomeriggio trascorso con la zia. Poi scrivi su un foglio cosa pensa della zia.

Cara Michela,
eccomi qui davanti al computer, stanca morta dopo un piacevole pomeriggio passato con zia Teresa. Ha speso, come sempre, un mucchio di soldi: lo sai quanto è generosa. Ha pensato a tutti: alla cena per gli ospiti, ai fiori per la nonna, al giubbotto per suo marito e soprattutto a me. Pensa che mi ha regalato un atlante che desideravo da tanto tempo e quel meraviglioso zainetto che l'altro giorno abbiamo visto in vetrina. In cartoleria la commessa voleva darcene un altro in svendita: ma ci siamo subito accorte che cercava di venderci fumo. Lo zainetto era veramente di pessima qualità. Invece quello che mi ha comprato la zia è davvero splendido! All'interno è pieno di tasche e taschini per metterci tante cose! Mia zia è davvero adorabile! E poi è simpatica. Non ti dico quanto ci siamo divertite al bar. È una che capisce noi ragazze e io spesso le racconto i miei segreti.
E tu, cosa hai fatto oggi? Scrivimi!
Ciao
Sabri

Modulo 3 Unità 3

P

13. Raccontate a turno quello che avete scritto nell'attività 12.

C

14. Scegliete uno dei negozi della lista e interpretate una scenetta tra cliente e commesso. Utilizzate i prodotti indicati.

Q13

LA CIABATTA — IL CORNETTO — IL FILONE — LA ROSETTA — IL PANINO ALL'OLIO

IL PARMIGIANO REGGIANO — IL VINO — LE SCATOLETTE DI TONNO — L'OLIO — I BISCOTTI

I GAROFANI — LE ORCHIDEE — LE VIOLE — LE ROSE — I CICLAMINI

IL TELEFONINO — LA LAVATRICE — IL FRIGORIFERO — GLI AURICOLARI — IL LETTORE MP3

Parole per... chiedere informazioni

Senta, scusi, mi dice cosa sono...
Non ho capito cosa sono...
Cosa si intende per....
Avrei una domanda...
Mi può dire cosa...
Mi faccia assaggiare...

Parole per... chiedere il conto

Posso avere il conto?
Il conto!
Quanto fa in tutto?
Vorrei pagare...
Mi dica, quanto fa?
Quanto Le devo?

Parole per... ordinare qualco[sa]

Potrei avere...
Vorrei...
Mi passi...
Due di quelli... per favore
Quella là in fondo, prego!
Mi dia...

S C

15. Siete in una cartoleria. Scegliete i ruoli, preparate un dialogo in base alla traccia e recitatelo.

COMMESSO
- saluta
- chiedi cosa desidera il cliente
- mostra e descrivi la merce
- dai consigli
- di' il prezzo
- fai il conto
- saluta

CLIENTE
- saluta
- esprimi quello che desideri
- fai commenti sulla merce
- chiedi quanto costa
- chiedi il conto

L

16. Sai che cosa vuol dire? Rileggi il testo della e-mail dell'attività 12.

*In cartoleria la commessa voleva darcene un altro in svendita: ma ci siamo subito accorte che cercava di **venderci fumo**.*

"Vendere fumo" in questo caso vuol dire:

Vendere tante cose.    Vendere prodotti affumicati.    Dire cose prive di fondamento.

QUESTO È IL PIÙ VENDUTO AL MONDO!

MA NON VALE NIENTE!

R

17. Che cosa hai imparato?

IO SO...

ITALIA Lo sai che...

I prodotti tipici italiani

L'Italia è una terra ricca di prodotti tipici. Tutte le regioni hanno moltissime specialità alimentari, dai formaggi, all'olio, alla frutta, agli ortaggi, alla pasta. Fra i prodotti più noti ricordiamo: il parmigiano reggiano, un formaggio stagionato che si produce in Emilia-Romagna; il pesto alla genovese, fatto con le foglie di basilico; le orecchiette, una pasta pugliese di semola di grano duro, e lo strudel, un dolce dell'Alto Adige a base di mele.
Inoltre, l'enorme varietà di uve di ottima qualità rende l'Italia 'la terra del vino'.
Fra le regioni in cui si producono i migliori vini ci sono la Toscana, il Piemonte, il Veneto, la Puglia e la Sicilia.

Il parmigiano

Lo strudel

Grammatic@

1. Registro informale e registro formale

Nel **registro informale** (usato per persone con cui si ha molta confidenza) si usa la seconda persona singolare del verbo. Es. *Senti, scusa, mi fai un caffè?*
Nel **registro formale** (usato per persone che non si conoscono o che hanno una posizione sociale importante) si usa la terza persona singolare del verbo. Es. *Senta, scusi, mi fa un caffè?*

2. Partitivo e nomi di quantità

Partitivo

maschile	
singolare	plurale
del formaggio	**dei** regali
dello sciroppo	**degli** sciroppi
femminile	
singolare	plurale
della carne	**delle** fragole

Attenzione!

Il partitivo *del, della, dello* al singolare significa un **po' di**.
Il partitivo *dei, degli, delle* al plurale significa **alcuni/alcune**.

Nomi di quantità

un chilo di carne	**un litro di** vino	**una tazza di** tè	**un metro di** stoffa

Attenzione!

In italiano i nomi di quantità (**un chilo, un litro, una tazza, un metro**) sono seguiti dalla preposizione *di.*

3. Il pronome *ne*

Quantità	Argomento
Quante lingue parli? *Ne* parlo tre: italiano, tedesco e inglese.	Perché sei triste? Cosa è successo? Scusami, ma non *ne* voglio parlare.

Quantità
Il pronome *ne* indica una parte delle cose o delle persone di cui si sta parlando.

Attenzione!

Se la frase è al passato e *ne* si riferisce a più cose (es. libri) o persone (es. amiche), **il participio passato** si accorda con **i nomi.**
Nella **frase negativa** il participio passato si accorda con **nessuno/nessuna.**
Nelle frasi con i pronomi *li/le* e *tutti/tutte* il participio passato si accorda con **i nomi** di riferimento.

Argomento
Il pronome *ne* indica **di questa cosa, di lui, di lei, di loro, di questo argomento.**

Modulo 3 Unità 4

Mens sana in corpore sano

IMPARO A PARLARE DEL TEMPO LIBERO.

P

1. *Dite che cosa vi piace fare nel tempo libero.*

PRATICARE SPORT

PASSEGGIARE IN CITTÀ

COSTRUIRE OGGETTI

DISEGNARE E DIPINGERE

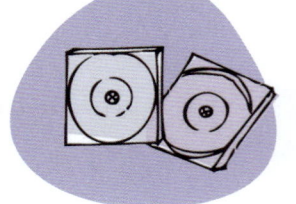

ASCOLTARE MUSICA

ANDARE IN BICICLETTA

PRENDERE IL SOLE

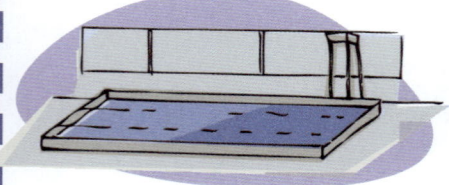

NUOTARE

VIAGGIARE

SUONARE

COLTIVARE PIANTE

LEGGERE

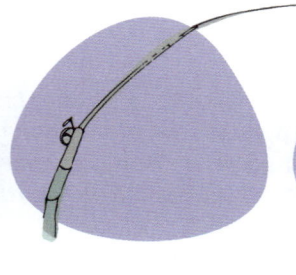

ANDARE A PESCARE

CUCINARE

124
centoventiquattro

Modulo 3 Unità 4

C

2. Guardate l'immagine e dite come trascorrono il loro tempo libero i ragazzi.

MARIA   CARLO   LORENZA   LUCA

A

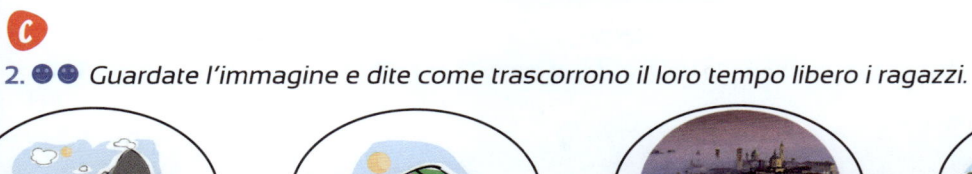

3. Ascoltate: avete indovinato?

ⓐ Verbo *piacere*
1

S

4. Osserva le illustrazioni e scrivi su un foglio cosa mettono in valigia i quattro ragazzi.

IL COSTUME DA BAGNO   IL CESTINO   LE RACCHETTE DA PING PONG   LE PINNE

LA RACCHETTA DA TENNIS   LA CANNA DA PESCA   IL COSTUME DA MARE   GLI SCARPONI

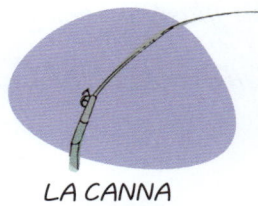

centoventicinque

Modulo 3 Unità 4

b

5. Leggi i testi: hai preparato bene la valigia dei quattro ragazzi?

Maria

La prima volta che sono stata da sola in montagna dai nonni ero molto piccola e non ero molto contenta di stare lontana dai miei genitori. Poi ho scoperto il bosco, che è proprio dietro casa, e ho imparato a riconoscere gli alberi, a raccogliere e mangiare le fragole e i mirtilli.
Nel parco giochi vicino al paese ho conosciuto tanti nuovi amici, che ritrovo ogni anno. Adesso che sono grande vado anche a funghi e sono felice di andare in vacanza dai nonni.

Carlo

Sto partendo per il mare con i miei genitori e mio fratello. Non vedo l'ora! Andiamo sempre in un piccolo albergo vicino alla spiaggia, che è organizzatissima. Ci sono gli ombrelloni con i lettini e le sedie a sdraio, ma anche un sacco di giochi e poi c'è una sabbia finissima. L'acqua è molto salata, così è più facile stare a galla e nuotare. Mentre mio fratello gioca con la sabbia e il secchiello, io preferisco passare delle ore con il mio papà a cercare conchiglie e andare a nuotare quando il mare è in burrasca.

Lorenza

Quando finisce l'anno scolastico io vado sempre dai miei zii a Bergamo. Loro hanno una casa molto grande e tre figli piccoli. La zia lavora solo la mattina e così il pomeriggio andiamo sempre in piscina a prendere il sole e a giocare a ping pong. Cosa faccio la mattina? A me piacerebbe molto leggere, invece devo fare da baby sitter ai miei cuginetti. È un po' una vacanza e un po' un lavoro, ma a me così va benissimo: ogni tanto preferisco fare attività diverse dal solito.

Luca

Io ho dei cugini che vivono in campagna, in una fattoria vicino a un paese molto piccolo, ma che ha davvero tutto. Ci sono tre campi da tennis e uno da calcio, che non ha recinzioni e ci si può giocare quando si vuole. Io preferisco giocare a tennis, ai miei cugini invece piace di più il calcio. Vado da loro tutte le estati e mi diverto sempre come un matto, perché ogni volta scopro qualcosa di nuovo. L'anno scorso abbiamo anche iniziato a pescare in un fiume lì vicino. Non abbiamo mai pescato niente, ma sono sicuro che quest'anno ci riusciremo.

c

6. Leggi le frasi della lista e rifletti su cosa ti ha aiutato a indovinare gli oggetti che i ragazzi dell'attività 4 mettono in valigia.

a. Mi hanno aiutato le informazioni contenute nel dialogo dell'attività 3.

b. Mi ha aiutato la conoscenza degli ambienti dove vanno i ragazzi.

c. Mi ha aiutato la chiarezza delle illustrazioni dell'attività 4.

d. Mi ha aiutato la conoscenza dell'attrezzatura necessaria per i vari passatempi.

e. Altro...

Modulo 3 Unità 4

S C

7. ●●● Scrivete su un foglio un dialogo in cui Maria, Carlo, Lorenza e Luca parlano di cosa preferiscono fare in vacanza e recitatelo.

> CARLO: IN VACANZA MI PIACE PASSEGGIARE SULLA SPIAGGIA!
>
> LORENZA: A ME INVECE PIACE PRENDERE IL SOLE IN PISCINA!

C S

8. Intervista sei persone su quello che preferiscono fare nel tempo libero. Scrivi i dati su un foglio in una tabella, come nell'esempio.

Persona intervistata	Preferenze	Ambiente
Sirio	giocare a pallavolo	palestra
Giulia	giocare a tennis	campo da tennis

P

9. ●● Raccontate a turno cosa fanno le persone che avete intervistato nell'attività 8, come nell'esempio.

> LORENZA: A SIRIO PIACE GIOCARE A PALLAVOLO IN PALESTRA. A GIULIA PIACE GIOCARE A TENNIS ALL'APERTO.

C

10. ●● Guardate l'immagine e dite di che cosa parlano Maria e Lorenza.

Modulo 3 Unità 4

A C

Q9
Q13

11. ●● *Ascoltate: avete indovinato?*

● 22

a Pronomi indiretti alla forma tonica
2

L

12. Abbina le parti della bicicletta alle lettere corrispondenti e scopri la parola nascosta.

Q14
Q16

Le parti della bicicletta
1. il manubrio
2. il pedale
3. la ruota
4. la catena
5. i raggi
6. il cambio
7. il campanello

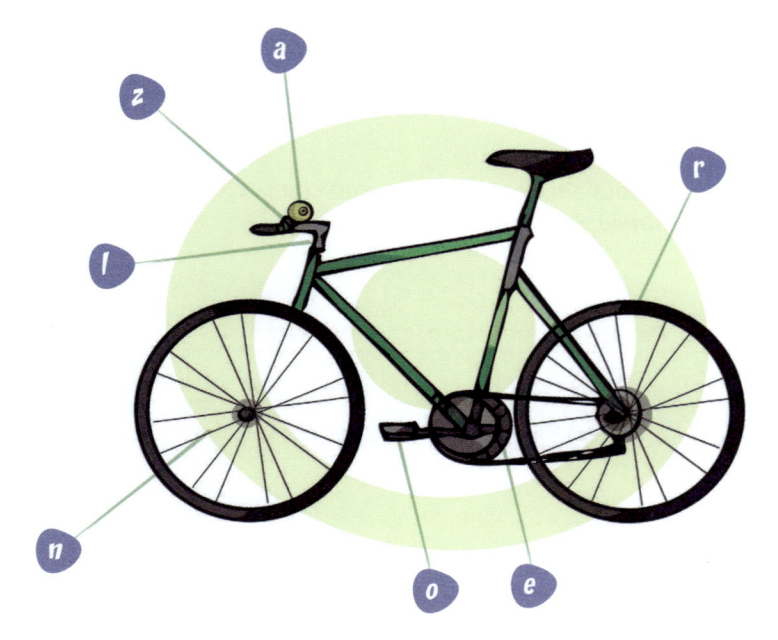

S

13. Scrivi su un foglio cosa fai nel tempo libero e spiega l'importanza del passatempo che pratichi. Segui lo schema.

Frasi per... descrivere un passatempo

Il mio passatempo preferito è...
Mi dedico al mio passatempo preferito per...
Mi dedico al mio passatempo preferito con...
È importante avere un passatempo perché...

Frasi per... motivare l'importanza di un passatempo

È rilassante.
Permette di fare delle attività insieme ad altre persone.
È divertente.

Aiuta ad usare le mani.
Aiuta la concentrazione.
Permette di fare movimento.
Aiuta la creatività.

P

14. Con l'aiuto del testo scritto nell'attività 13 raccontate a turno cosa fate nel tempo libero.

Q17

L

15. Sai che cosa vuol dire? Leggi le battute del dialogo dell'attività 3.

> Maria: Sì, mi sono divertita molto! Sai che mi piace stare a contatto con la natura. Il mio motto è **mens sana in corpore sano**...
> Carlo: Che cosa vuol dire mens sana...? Non l'ho mai sentito!
> Maria: Ma dai, Carlo, non dirmi che non lo sai! È latino! Lo sai che i Romani ci tenevano molto all'esercizio fisico e in montagna questo è davvero possibile.

"Mens sana in corpore sano" in questo caso vuol dire:

Se il corpo è sano, anche la mente è sana.

Se in una mensa si mangia bene, il corpo è sano.

Il corpo resta sano solo se in cucina ci sono cose buone.

R

16. Che cosa hai imparato?

Q18

IO SO...

Modulo 3 Unità 4

ITALIA Lo sai che...

Le coste
La maggior parte del territorio italiano è bagnato dal mare. Infatti sono senza sbocco al mare solo cinque regioni: Val D'Aosta, Piemonte, Lombardia, Trentino Alto-Adige, Umbria.
L'Italia ha più di 7500 km di coste. Sono alte e rocciose là dove i monti scendono a picco sul mare, soprattutto in Liguria, in Campania e in Calabria. Sono basse e sabbiose o pietrose quando il territorio diventa pianeggiante fino al mare, soprattutto sull'Adriatico e sullo Ionio.
La sabbia può essere di due tipi: formata dalle rocce o dalle conchiglie frantumate. Quest'ultima è più fine e leggera dell'altra.

Costa rocciosa

Costa sabbiosa

Grammatic@

1. Verbo *piacere*

Il verbo *piacere* si coniuga alla terza persona singolare e plurale in base a ciò che piace.
La persona che esprime preferenza è espressa con un pronome indiretto.

Pronomi indiretti	Presente	
	singolare	plurale
mi		
ti		
le/gli	piace	piacciono
ci		
vi		
gli		

Pronomi indiretti	passato prossimo	
	singolare	plurale
mi		
ti		
le/gli	è piaciuta/o	sono piaciute/i
ci		
vi		
gli		

Attenzione!

Piacere si usa nella terza persona singolare e plurale. Come *piacere* si comportano anche *sembrare, parere*.

2. Pronomi indiretti alla forma tonica

Pronomi soggetto	Pronomi indiretti atoni	Pronomi indiretti tonici
Io	mi	(a) me
Tu	ti	(a) te
Lei/Lui	le/gli	(a) lei/(a) lui
Noi	ci	(a) noi
Voi	vi	(a) voi
Loro	gli	(a) loro

Attenzione!

I pronomi indiretti alla forma tonica sono identici ai **pronomi diretti**, ma sono sempre preceduti da una **preposizione**.

Modulo 3 Unità 5

Fare un buco nell'acqua

IMPARO A PENSARE A UN PROGETTO E A REALIZZARLO.

C

1. Elencate quali progetti o esperienze avete fatto a scuola, tra quelli della lista.

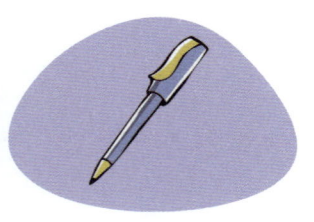

- GARE SPORTIVE
- VIAGGI DI STUDIO
- GIORNALINI DELLA SCUOLA
- GEMELLAGGI
- GARE TRA CLASSI
- VISITE IN AMBIENTI DI LAVORO 
- GITE D'ISTRUZIONE 
- PROGETTI DI LETTURA 
- RECITE TEATRALI
- INCONTRI CON SCRITTORI
- OPEN DAY
- VISITE ALLA REDAZIONE DI UN QUOTIDIANO

Modulo 3 Unità 5

C

2. *Indicate le tre esperienze o i tre progetti dell'attività 1 che vi sembrano più interessanti e dite perché.*

Espressioni per… motivare una preferenza

Si imparano cose nuove.
Si può lavorare in gruppo.
Si affrontano argomenti diversi.
Si lavora al di fuori della scuola.
Si possono fare interviste.
Ci si può esprimere anche con gesti e mimica.

Si possono accogliere i genitori.
Si possono dare spiegazioni sul proprio lavoro.
Si possono chiedere informazioni.
Si può vincere.
Si possono fare esperienze nuove.

L P

3. *Leggete la locandina e elencate almeno tre informazioni sul progetto che illustra.*

INIZIATIVA PER LA PROMOZIONE DELLE LINGUE

UNA VALIGIA DI LIBRI FACILI PER…

LEGGERE DIVERTENDOSI

INIZIATIVA DI PROMOZIONE ALLA LETTURA DELLA BIBLIOTECA COMUNALE

IN COLLABORAZIONE CON LA SCUOLA SECONDARIA DI PRIMO GRADO

4. Mettete in ordine le fasi del progetto e scoprite la parola nascosta.

t FASE DIVERTENTE

Infatti recitare un libro è mitico e può davvero invogliare a leggere!

p TITOLO DEL PROGETTO

UNA VALIGIA DI LIBRI FACILI PER... LEGGERE DIVERTENDOSI è un progetto di due mesi e mezzo.

e ORGANIZZAZIONE

Quindi all'arrivo della valigia, per non fare un buco nell'acqua, ci siamo messi subito al lavoro. Ognuno ha scelto un libro e abbiamo deciso di presentare il contenuto dei libri con scenette mimate o recitate.

o INSEGNAMENTO

Per concludere, dobbiamo ammettere che abbiamo imparato a organizzarci in tempo e seriamente. Poi abbiamo imparato a leggere ad alta voce e a recitare come gli attori di teatro. Siamo pronti a diventare genitori che leggono libri ai propri figli o grandi attori di teatro? Sicuramente siamo diventati dei discreti lettori.

o PREPARAZIONE

Quindi, pensando alla lettura per divertimento, abbiamo fatto un elenco di argomenti che ci sembravano interessanti: fiabe, romanzi polizieschi, racconti di avventura, diari, romanzi storici. Allora la biblioteca ci ha messo a disposizione libri, riviste, video.

r SCOPO

Abbiamo partecipato a questa iniziativa perché ci interessava imparare finalmente a leggere non solo per studiare, ma anche per divertirci.

t SVOLGIMENTO

Infine, per arrivare a un buon risultato, ci siamo aiutati reciprocamente. Ci siamo divertiti soprattutto quando abbiamo provato a recitare una scena del libro o quando abbiamo visto recitare i compagni.

g IMPEGNI

Poi il bibliotecario ci ha consegnato una valigia di libri, ci ha detto che potevamo scegliere quelli che volevamo, ma che dovevamo rispettare una sola regola: presentare nella Biblioteca Comunale i libri che leggevamo.

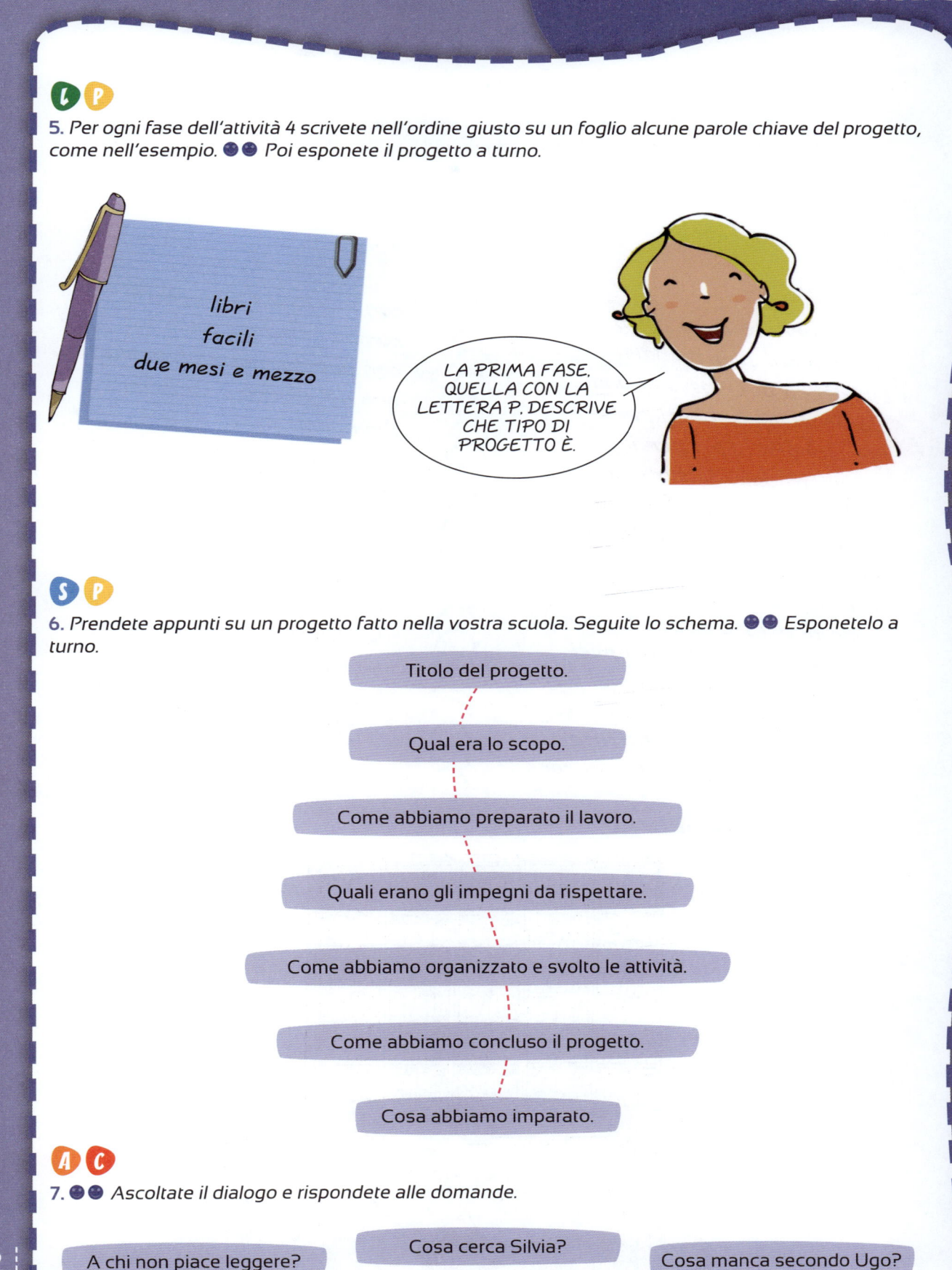

5. Per ogni fase dell'attività 4 scrivete nell'ordine giusto su un foglio alcune parole chiave del progetto, come nell'esempio. Poi esponete il progetto a turno.

libri
facili
due mesi e mezzo

LA PRIMA FASE, QUELLA CON LA LETTERA P, DESCRIVE CHE TIPO DI PROGETTO È.

6. Prendete appunti su un progetto fatto nella vostra scuola. Seguite lo schema. Esponetelo a turno.

- Titolo del progetto.
- Qual era lo scopo.
- Come abbiamo preparato il lavoro.
- Quali erano gli impegni da rispettare.
- Come abbiamo organizzato e svolto le attività.
- Come abbiamo concluso il progetto.
- Cosa abbiamo imparato.

7. Ascoltate il dialogo e rispondete alle domande.

- A chi non piace leggere?
- Cosa cerca Silvia?
- Cosa manca secondo Ugo?
- Che cosa ha portato il bibliotecario oltre ai libri?

23
Q6
Q13

a Pronomi doppi
1

Modulo 3 Unità 5

8. Leggi il diario del bibliotecario e scrivi su un foglio quello di uno dei suoi due vicini di casa.
Poi a turno leggete il testo al vostro compagno.

Oggi giornata dura. Sono passato dal silenzio della biblioteca al chiasso di una classe di adolescenti per consegnare i libri per il progetto della biblioteca. Tutti volevano parlare, tutti avevano richieste da farmi. Naturalmente i ragazzi li conoscevo quasi tutti, dato che sono di questo paese. C'erano anche Mario e Silvia, i miei due vicini di casa: uno del piano di sopra e l'altra della porta accanto. Silvia si è tuffata sulla rivista rock: oltre al rock non riesce ad andare. Mi rompe i timpani delle orecchie con questa musica a tutte le ore del giorno e della notte... Non parliamo di Mario..., non gli piace leggere, non legge mai, ma mi ha accolto con un "Finalmente ci ha portato i libri...!" come se non vivesse senza la carta stampata. Probabilmente guarderà solo le figure. La loro insegnante mi ha detto di avere fiducia, ma... speriamo di non aver fatto un buco nell'acqua.

CARLA, VIENI QUI!

PERCHE' NON HA PORTATO..?

FINALMENTE!

Modulo 3 Unità 5

C

9. *Guardate l'immagine e dite dove sono e che cosa stanno facendo le due ragazze.*

A C

10. *Ascoltate: avete indovinato?*

S

11. Conosci sicuramente alcune regole delle biblioteche. Scrivine almeno tre. *Confrontatevi.*

A C

12. *Riascoltate il dialogo e individuate le frasi vere.*

A Le due ragazze sono a casa davanti al computer.

B Le due ragazze cercano un libro in biblioteca.

C Le due ragazze usano delle parole-chiave per fare la ricerca.

D Il titolo del libro è *Una fame da lupo*.

E Una delle due ragazze propone di parlare con un professore.

F Le ragazze parlano sottovoce perché sono in biblioteca.

G Il titolo del libro è *In bocca al lupo, ragazzi!*

Modulo 3 Unità 5

13. *Per chiedere in prestito un libro della biblioteca devi compilare una scheda. Scegli tra le voci della lista quelle che trovi in una scheda e scrivile su un foglio.* Confrontatevi.

BIBLIOTECA

Parole per… compilare una scheda della biblioteca

altezza
peso
autore del libro
passatempi
titolo di studio
nome e cognome

abitazione
numero di carta di identità
numero dell'abbonamento
ai mezzi pubblici
età
letture preferite

numero di telefono
fiore preferito
casa editrice del libro
numero di catalogo
numero tessera sanitaria

14. *Osserva la scheda di un libro proposta nella classe di una scuola. Crea una scheda simile e completala con i dati di un libro che hai letto.*

Q14

Autore:	
Illustrazioni:	
Casa Editrice:	
Anno dell'edizione:	
Genere:	
Contenuto:	
Commento:	

15. Leggi la cronaca di un incontro con uno scrittore in una biblioteca. Abbina i testi alle fasi e scopri la parola nascosta.

1. Mercoledì 7 maggio è venuto a trovarci nella nostra biblioteca scolastica uno scrittore.

2. A questo incontro hanno partecipato le classi III A e III B.

3. Abbiamo accolto lo scrittore con una canzone ispirata a un suo romanzo.

4. Lo scrittore ci è sembrato subito molto simpatico.

5. Ci ha parlato di sé, di quello che fa, ci ha raccontato un po' della sua vita e del suo lavoro di scrittore e ha risposto alle nostre domande.

6. Gli abbiamo consegnato un opuscolo fatto da noi con giochi linguistici sui suoi libri.

7. Lo scrittore è stato molto contento di partecipare a una "Sfida tra libri" scritti da lui. Ci siamo divisi in due gruppi, A e B, in base al libro sul quale ci eravamo preparati. Lo scrittore ci ha fatto delle domande. Ha vinto il gruppo A.

8. Si è svolta poi la premiazione. Entrambe le classi hanno ricevuto un dizionario e un atlante.

9. Abbiamo festeggiato l'evento.

10. È stata un'esperienza veramente piacevole e divertente.

e. PREMIAZIONE DELLE CLASSI
b. ACCOGLIENZA
i. PARTECIPANTI
c. CONCLUSIONE DELL'INCONTRO
l. IMPRESSIONI SULLO SCRITTORE
t. ATTIVITÀ SVOLTE
i. PRESENTAZIONE PERSONALE DELL'AUTORE
o. DONO ALL'AUTORE
a. RIFLESSIONE
b. EVENTO

Modulo 3 Unità 5

16. Prendi appunti su un foglio su un evento speciale vissuto nella tua scuola. Rispondi alle domande.

> Chi sono i protagonisti dell'evento?
> Che cosa è stato fatto?
> Dove si è svolto l'evento?
> Quando è avvenuto?
> Perché si è svolto l'evento?
> Come si sono svolti i fatti?

17. Uno di voi è uno scrittore famoso, l'altro gli fa un'intervista. Potete aiutarvi con le domande della lista, come nell'esempio.

— QUANDO E COME È NATA LA SUA PASSIONE PER LA SCRITTURA?
— FIN DA QUANDO ERO PICCOLO...

- Quando e come è nata la sua passione per la scrittura?
- Che tipo di libri scrive?
- Qual è il libro che ha avuto maggior successo?
- Qual è il suo personaggio preferito?
- Ha mai fatto un buco nell'acqua?
- Com'è la vita di uno scrittore?

18. Leggi le battute del dialogo dell'attività 7.

> **Bibliotecario:** Bravo, hai quasi indovinato. È il contratto che voi fate con la biblioteca. Ve lo faccio firmare e, mi raccomando, cercate di impegnarvi!
> **Roberto:** È una bella responsabilità! Speriamo di non **fare un buco nell'acqua!**

"Fare un buco nell'acqua" in questo caso significa:

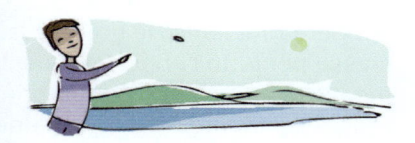

Lanciare pietre per fare un buco nell'acqua del lago.

Immergere una cannuccia in un bicchiere di acqua per fare un buco.

Non riuscire a fare qualcosa.

NON CI SONO RIUSCITO!

19. Che cosa hai imparato?

IO SO...

Modulo 3 Unità 5

ITALIA Lo sai che...

FRIULI VENEZIA GIULIA — Grotta gigante
MARCHE — Grotte di Frasassi
PUGLIA — Grotte di Castellana
CAMPANIA — Grotta azzurra

La Grotta Azzurra

Stalattiti e stalagmiti

LE GROTTE

Le grotte sono creazioni della natura. Sono caverne formate nel tempo dall'erosione dell'acqua. La temperatura dentro le grotte è la stessa per tutto l'anno. Per questo motivo le grotte sono state il primo rifugio dell'uomo. Infatti in alcune di esse si vedono ancora le pitture degli uomini primitivi.
All'interno delle grotte, le gocce d'acqua che scendono dalle rocce formano le stalattiti e le stalagmiti. Ci sono grotte in tutto il territorio italiano.
Molte si possono visitare e sono meta di molti turisti.
La Grotta Gigante si trova in Friuli. È formata da un'unica caverna a cui arrivano varie gallerie. È la grotta più grande al mondo e per questo è stata inserita nel Guinness dei primati.
Le Grotte di Frasassi sono nelle Marche. Alcune stalattiti e stalagmiti che stanno in queste grotte hanno delle forme molto particolari e per questo hanno dei soprannomi: l'Orsa, il Cammello, i Giganti, la Madonnina
La Grotta Azzurra si trova a Capri, in provincia di Napoli, ed è caratterizzata dal particolare gioco di colori dell'acqua, che cambia nelle diverse ore del giorno.
Le Grotte di Castellana sono in Puglia. Le sue gallerie sotterranee si estendono per circa 3 chilometri.

Modulo 3 Unità 5

Grammatic@

1. Pronomi doppi

Pronomi indiretti	Pronomi diretti			
+	lo	la	li	le
mi	me lo	me la	me li	me le
ti	te lo	te la	te li	te le
gli/le	glielo	gliela	glieli	gliele
ci	ce lo	ce la	ce li	ce le
vi	ve lo	ve la	ve li	ve le

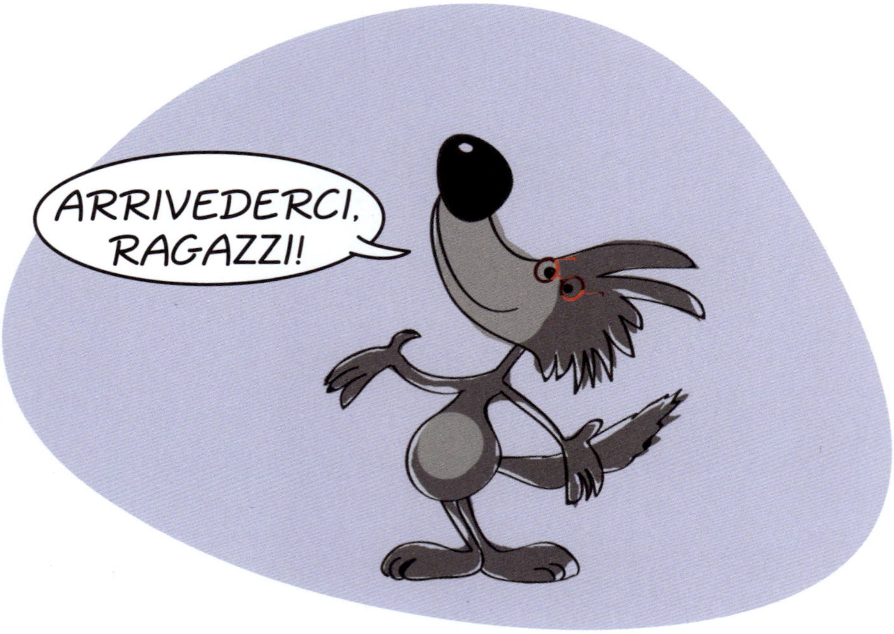
ARRIVEDERCI, RAGAZZI!